JN078457

第3版

教職に関する基礎知識

Basic knowledge about
the teaching profession

今西幸蔵・古川　治・矢野裕俊 編著

姫野完治・平光哲朗・野口　徹・村川雅弘
中嶋克成・工藤真由美・藤田敏和・高橋　正
藤本裕人・竹内啓三・荻野亮吾・佐藤智子

八千代出版

執筆分担（掲載順）

今西幸蔵　高野山大学特任教授　　　　　　　　　　　1部I章1.　II章1.　3部I章1.

古川　治　桃山学院教育大学客員教授　　　　　　　　1部I章2.　2部II章

姫野完治　北海道教育大学准教授　　　　　　　　　　1部II章2.

矢野裕俊　武庫川女子大学教授　　　　　　　　　　　2部I章1.

平光哲朗　神戸学院大学准教授　　　　　　　　　　　2部I章2.

野口　徹　山形大学教授　　　　　　　　　　　　　　2部I章3.

村川雅弘　甲南女子大学教授　　　　　　　　　　　　2部I章4.

中嶋克成　徳山大学特任講師・AL プロデューサー　　2部II章コラム

工藤真由美　四條畷学園短期大学教授　　　　　　　　2部III章1.

藤田敏和　神戸学院大学・関西大学非常勤講師　　　　2部III章2.

高橋　正　元・神戸学院大学講師　　　　　　　　　　2部III章3.

藤本裕人　帝京平成大学教授　　　　　　　　　　　　2部III章4.

竹内啓三　元・関西大学特任教授　　　　　　　　　　3部I章2.

荻野亮吾　佐賀大学准教授　　　　　　　　　　　　　3部II章1.

佐藤智子　東北大学准教授　　　　　　　　　　　　　3部II章2.

はじめに

　今、わが国の学校教育は大きく変化しようとしています。学校制度や教育課程全体が新しい枠組みを模索しているのです。具体的には6・3・3・4制の学校制度改編の提案があり、地方分権に立った教育委員会制度や学校経営の新しいあり方が検討され、また教育内容についても OECD などの影響もあって国際的な視野で考えることが必要とされています。

　このような教育改革の動向は、今日に始まったものではなく、臨時教育審議会の答申が起点となっていますが、最近では変化の速度が急速に高まっていることを感じます。

　教育制度の革新は、大学における教職課程においても例外ではありません。2012（平成24）年の8月には、中央教育審議会が答申「教職生活の全体を通じた教員の資質能力の総合的な向上方策について」を示し、生涯にわたって「学び続ける教員」を育てる教員養成のあり方を明らかにしました。将来の教職課程6年制を前提とした新しい教員養成制度が提示されたのであり、従前の教員養成制度にはなかった考え方も盛り込まれています。例えば大学の教職課程においては、教育実習以外の大半のカリキュラムは大学に任されていましたが、新しい制度では教育委員会、学校や地域社会などと大学が連携・協力して教員養成を行うことを求めたものになっています。

　この答申をふまえ、2015年の中央教育審議会答申「これからの学校教育を担う教員の資質能力の向上について」は、様々な課題があることを示した後、教員の養成・採用・研修を通じた方策として「教員は学校で育つ」との考え方の下、教員の学びを支援すること、学び続ける教員を支えるキャリアシステムの構築のための体制整備を図ることを提案しました。

　わが国の教育における教員の役割にはきわめて重いものがあり、それだけに教職には卓越した専門性と豊かな人間力が求められています。その教員を養成するのが教職課程であり、教職に就こうとする人には教職に必要とされる基礎的な知識をしっかりと理解すること、新しい教育の動向を知ることが

望まれています。

　本書は、大学の教職課程で学ぼうとする学生を主たる対象として作製したものです。特に教職課程の「教職に関する科目」に対応した形で編集し、大学の授業を受けている学生が使いやすいような構成にしました。

　各章や各節の執筆担当者については、その領域で専門的に研究活動をされている大学教員にお願いしましたので、記述内容には、深い研究成果から導き出された知識が示されていると思いますが、タイトルに基礎知識とあるように、表現においては基礎的な考え方と知識事項の紹介を優先しました。教職に就こうとする人に必要とされる基礎知識の提供にとどめたのです。そのために、詳しく書かれていない部分もあるかもしれませんが、最新の情報も含めた基礎知識は十分に記述されていますし、本来、大学等で学ぶということは自分で研究・学習するということであり、そのための教材としては満足のいく内容の本になっていると考えます。授業に際しては、本書等で予習をした上で受講し、その後に本書等を活用した振り返りシートを作成して復習するといった姿勢や習慣を持ち続けていただきたいと願っています。

　今、「教育が変わる」と指摘されています。大学入試改革などの大きな変革が行われようとしています。こうした時代の動向に敏感に対応するなど、教員は様々な教育課題に立ち向かわなければなりません。そのためには、受け身で日常の職務に携わるのではなく、積極的に教育を創造していくというような姿勢が問われています。社会全体が複雑化し、知識やスキルが高度化する中で、これからの教員が担うべき役割は、これまで以上に重要となってくるでしょう。本書を活用されることによって、教員としての今後の実践のあり方を考え、生涯にわたって「学び続ける教員」を目指していただきたいと願っています。

　最後になりますが、本書の第3版刊行にあたって、新型コロナの中、快く執筆を受けていただいた各領域での専門の先生方に対して、また格別のご尽力をいただいた八千代出版（株）と編集者の森口恵美子様に心からのお礼を申しあげまして、はじめの言葉とさせていただきます。

2021年4月　　　　　　　　　　　　　　今西幸蔵・古川治

目　　次

3部　学校生活と学校外との連携

1 部

教育制度の基礎知識

I 章

教職の意義と歴史

1. 教職の意義と役割

1）教職の意義

（1）教職と教員

　教職とは、教員が勤務する学校において、幼児、児童、生徒（以下、子どもたち）を指導する仕事を指す言葉だと考えてよい。学校の教員という身分の人々が従事する専門的職業ということになる。

　わが国においては、1872 年の**「学制」の公布**によって学校教育が始まって以来、教職に就いた多くの人々の熱意によって着実に教育が実施されており、結果として教員は社会的に高い評価と信用を得てきたのである。「先生」という呼称で呼ばれてきたことからもわかるように、教員は周囲の人々からは尊敬の念で見守られている職業なのである。

　教職が、子どもたちへの教育を通して国民全体に奉仕する職務であることからも公共性の高いサービス活動であり、未来の社会を背負って生きる子どもたちを育成するという社会的な課題を担った仕事であることを考えるとき、教職の持つ重みが理解されるに違いない。

　教員は、教育者としての使命感、人間の成長・発達についての深い理解、洞察する力、子どもに対する教育的愛情、教科等に関する専門的知識、広く豊かな教養を持たねばならないし、それらを基盤とした実践的指導力に基づいて職務に携わるべきである。

　教育基本法第 9 条において、「法律に定める学校の教員は、自己の崇高な使命を深く自覚し、絶えず研究と修養に励み、その職責の遂行に努めなけれ

ばならない」とされているように、教員は自分自身の教育に責任を持たねば
ならないという職務の特殊性があることも教職の特徴となっている。そうで
あるがゆえに、教職に就く者には社会的信用と高い倫理観が必要とされてい
る。教職が、こうした社会からの求めに応じたものであり、子どもたちへの
教育という特性をふまえた仕事であるため、携わる教員の身分が尊重されて
いるのであり、待遇の適性化と改善が期せられることとなっている。

　実際の学校現場では、学業指導と生徒指導の両面から子どもたちを育てて
いるのであり、これらの指導においては、教員は子どもにとってのよき理解
者であり、よき支援者であることが要求されている。教職に携わる者は、学
校が「人間が人間になる」ための教育の場であり、子どもに対して人格の完
成を目指した人間教育を行い、次世代の社会人や産業労働者に必要とされる
知識や技能を与えるとともに、子どもたち一人一人の個性を伸ばす教育活動
を実施する場であることをよく理解しなければならない。

（2）　国際社会が求める教員像

　1966 年 9 月から 10 月にかけて、**ユネスコ**において特別政府間会議が持たれ、
その結果として **ILO**（国際労働機構）・ユネスコによる「**教員の地位に関する
勧告**」が示されている。

　同勧告は、「教育は、その最初の学年から、人権及び基本的自由に対する
深い尊敬をうえつけることを目的とすると同時に、人間個性の全面的発達及
び共同社会の精神的、道徳的、社会的、文化的ならびに経済的な発展を目的
とするものでなければならない」「教育の進歩は、教育職員一般の資格と能
力及び個々の教員の人間的、教育学的、技術的、資質に大いに依存するとこ
ろが大きいことが認識されねばならない」とした上で、教員の地位は教育の
必要性に見合ったものであり、教育目的と目標を実現するためには、教員の
正当な地位と社会的尊敬が重要であることが認識されねばならないとした。

　そして教育の仕事は専門職とみなされるべきであり、「厳しい、継続的な
研究を経て獲得されて維持される専門的知識及び特別な技術を教員に要求す
る公共的業務の一種である」としている。また、「責任を持たされる生徒の
教育及び福祉に対して、個人的及び共同の責任感を要求するものである」と

考えており、これが**教員専門職論**の論拠となっている。

　2005 年には、OECD（経済協力開発機構）によってレポート『**教員の重要性
―優れた教員の確保・育成・定着―**』（国立教育政策研究所、2005）が刊行され、
各国の教員研修政策の重要性が提唱されている。同レポートでは、教員の教
育活動に影響する諸要因、教員の能力向上の重要性が指摘されている（立田・
今西 2010 pp.40-48）。また、同レポートは、「教員は、自発的な学習者である
ことを期待され、生涯を通して学び続ける能力と動機を持ち続けることを期
待される将来の社会や経済環境に生徒を準備させる能力がなければならない」
として教員に必要とされる能力を示しており、この考え方は中央教育審議会
が提唱する「**学び続ける教員像**」に重なるものであった。

（3）　中央教育審議会答申に見る新しい時代の教員像

　2012 年 8 月に、中央教育審議会は「**教職生活の全体を通じた教員の資質
能力の総合的な向上方策について**」を答申した。教員免許制度改革への提案
であると同時に、「学び続ける教員像」という観点からの新しい教員養成シ
ステムを明示したのである。教員免許制度改革の具体的方向性であるが、6
年制を視野に入れた修士レベルの教職課程で取得できる一般免許状、4 年制
の学部教育での教職課程で取得できる基礎免許状、それに加えて特定分野で
の高い専門性が要求される専門免許状の創設が考えられている。この提案の
背景となる教員養成の現状と課題について見ると、同審議会は、①グローバ
ル化などの社会の急速な進展の中で人材育成像が変化しており、21 世紀を
生き抜くための力を育成するため、思考力・判断力・表現力等の育成などの
新たな学びに対応した指導力を身につけることが必要。②学校現場における
諸課題の高度化・複雑化により、新任段階の教員が困難を抱えており、養成
段階における実践的指導力の育成強化が必要だと考えている。こうした課題
を解決するため、教員養成機関としての大学だけで教員教育をするのではな
く、教育委員会や学校との連携・協働によって教員の養成を図ることが望ま
しいと指摘しており、そのための一体的な改革が実施される必要があると提
案しているのである。同審議会は、その他にも、いじめ、暴力行為や不登校
等の生徒指導上の問題も深刻化していること、特別支援教育や教育の ICT

化の活用等も課題として示した。

　また同答申は、「これからの社会で求められる人材像を踏まえた教育の展開、学校現場の諸課題への対応を図るためには、社会からの尊敬・信頼を受ける教員、思考力・判断力・表現力等を育成する実践的指導力を有する教員、困難な課題に同僚と協働し、地域と連携して対応する教員が必要である。また、教職生活を通じて、実践的指導力等を高めるとともに、社会の急速な進展の中で、知識・技能の絶えざる刷新が必要であることから、教員が探究力を持ち、学び続ける存在であることが不可欠である」としている。

　このように、教員に求められる資質能力として、仕事に対する責任感、問題に対する探究力や自ら学び続ける力、新たな時代に対応でき、それを実践できるような指導力、児童・生徒への愛情を持つという総合的な人間力があがっている。一方で、国際社会からの要請として教員の質の保証という観点から教員養成を修士レベル化し、教員を高度専門職業人として明確に位置づけようとしているのであり、前述したような教員養成課程の6年制が提案されている。今後は6年制の方向に向かっての制度改編が進行することが予想されるので、当面の方策として、大学においては修士レベルの教員養成課程の設置と充実化を図ることが必要であり、また教育委員会や学校関係者、さらには地域社会との連携・協働によって「学び続ける教員像」の内実化を図っていくことになる。

　次に、2015年の中央教育審議会は、「これからの学校教育を担う教員の資質能力の向上について」(答申)において、教員が多忙で時間確保が難しく、自ら学び続けるモチベーションを維持できる環境が整備されていないことをあげ、アクティブ・ラーニング型研修への転換が必要で、初任者研修などの現行研修制度の見直しを求めた。教員採用についても、求める教員像を明確にする必要があること、選考方法にも工夫が求められることなどを取り上げた。養成についても、基礎的・基盤的な学修であることを認識し、学校現場などでの実際の教職体験の機会を充実させることを必要とし、教職課程での教育の質の保証と向上が課題であるとし、現行の教育課程の改善を求めた。こうした課題に対して、「はしがき」で示したような具体的方策を柱として、

教員育成指標の策定を行うこと、教育委員会と大学等との協議・調整のための「教員育成協議会」を構築すること、**教職課程コアカリキュラム**を作成することなどの諸方策を示している。

2) 教職の役割

（1） 学習指導と教員

　教員になろうとする人には、子どもたちの学習を適切に援助することが自分の仕事であるという自覚が必要である。教員の役割は、学校においては教育課程で定められた授業等の教育活動を行うことであり、子どもたちに必要とされる知識や技能を与え、人間として望ましい態度を育成することである。そのために、教員には子どもたちをよく観察し、正しく理解することが求められる。教職に対する情熱と使命感を持って臨むことが不可欠であることはいうまでもないが、学習援助者としての視点をしっかりとふまえた教育活動が望まれている。

　教科指導においては、授業前の**教材研究**の成果が生かされるような授業づくりを心がけねばならないし、授業後の評価とそのフィードバックが必要とされている。授業にあたっては、教員に豊富な知識量を有することが前提となることはいうまでもない。特別の教科「道徳」を含む教科指導はもちろん、教科外の「外国語活動（小学校）」、「総合的な学習の時間」や「特別活動」等の教育活動においても教科指導と同様の姿勢で臨むことが求められている。

　また進路指導（キャリア指導）、保健指導、読書指導、防災指導等といった活動があり、その多くは**教科外指導**の中で行われている。教科外指導の場合、特別活動を主とする学級活動（高等学校ではホームルーム活動）の役割が大きく、学級担任教員の学級集団に対する指導力が問われることになる。つまり学級を経営する力量が重要だということであり、教科指導および教科外指導のいずれにおいても、学習指導の原点というべきものが学級経営なのである。

（2） 生徒指導と教員

　生徒を指導するにあたっては、学校や地域の実態をふまえた指導が必要で、そのためには教員は、地域社会の特徴や要望をよく理解し、同じ学校の教職

員だけでなく、学校周辺の関係者と協力して、子どもたちの指導に全力をあげなければならない。

　生徒指導においては、「チーム学校」として教職員全体が一致して指導することが肝要であり、生徒指導の方針、指導方法にかかわる学校体制について、日頃から教員間で十分な話し合いが持たれていることが前提になる。また地域住民等の学校周辺の関係者との連携・協力体制が必要であり、児童相談所や警察署等の行政機関との人間関係づくりも教員の役割である。

　特に放課後等に実施されている住民主導の教育活動のプログラムは、教員と保護者や地域住民との協力・協働を求めるものが大半であり、教員の積極的な参画が期待されている。中等教育学校では、生徒指導を進めていく上で**部活動**が果たす役割が大きいが、働き方改革の問題を通して教員の役割が見直されることになった（3部I章1.　コラム参照）。

　（3）　学校組織と教員

　個々の教員の**校務**には、学校経営管理上の事務を行うという役割があり、各教員の事務分担を**校務分掌**という。校務分掌は、各教員の役割を明示し、分担責任の所在を表す目的でもって運営される。具体的には、学校経営全般に関すること、教育課程の運営、教職員人事、幼児・児童・生徒の管理と保健安全、学校施設や設備・教具の保全管理、研究や研修の推進等がある。

　校務分掌については、各学校で全教職員によって有機的に編制され、負担の公平化を図りつつ、組織が有効に作用するように整備されることが望ましく、それによって調和のとれた学校運営が行われることになる。

　（4）　地域社会と教員

　学校、保護者および地域住民等の相互の連携・協力を進めることが教育基本法第13条で規定され、そのための取り組みが全国の学校現場で実施されている。従前から、学校の施設は、社会教育の場として規定（教育基本法第12条）されていることから、社会教育に期待される役割も大きい。

　新しい教育の流れは、すでに**臨時教育審議会第2次答申**等で示されていたことであり、急激な社会の変化によって保護者・地域住民等の学校に対する意識や要求に変化が生じ、学校への要請自体が多様化、高度化してきてい

ること、政治・経済や社会の構造改革が進展したこと、都市化や過疎化によって学校を取り巻く環境が大きく変化したことが主な要因となっている。

地域社会の一員として、学校は地域住民等との連携・協力によって学校運営することで、学校教育と社会教育の協働化（**学社連携、学社融合**）を進めている。**地域学校協働活動推進員**（地域コーディネーター）や**学校支援ボランティア**等の**地域学校協働本部**の活動を学校が受け入れ、地域の伝統的な行事に地域住民と教員が共同参加し、放課後の子育て活動の場を提供することにより、地域社会を教育コミュニティ化しようとする動きである。

学校、家庭と地域社会等との相互の連携・協力については、本書の3部で論じられているが、教員には、家庭や地域社会を地域運営のイーコール・パートナーとして認めること、学校との連携・協力の必要性・緊急性についての認識を深めること、従来のような学校側から家庭や地域社会への一方的なお願いではなく、ともに協働し合うという視点を持つことなどが求められる。

(5) 現代的課題と教員

近年、社会的に学校の経営責任を要求する流れが加速している。具体的には**学校経営評価**が実施され、教育の質保証の観点からの学力評価がなされ、住民に対する説明責任が問われている。説明責任についていえば、校長に対する求めだけでなく、各教員にも具体的な説明責任が要求されている。授業評価だけでなく、学年・学級通信を発行したり、保護者会等で教育方針、教育内容や方法についての説明をすることが日常的な要望になりつつある。したがって教員には、マネジメント能力の向上、マネジメント・チームの編成、**学校運営協議会**や地域学校協働本部等の地域団体との関係づくりなどが差し迫った課題となっている。

一方で、学校における危機管理の問題がある。詳しくは3部で述べられているが、学校の安全性の低下が指摘されている。実際にハード面での対応が遅れており、教員意識も現実とズレているのが現状であろう。学校には、運営の危機に陥らないような予防的措置（**リスク・マネジメント**）、危機に出会ったときの早急な対応策の実施（**クライシス・マネジメント**）が必要となっている。

リスク・マネジメントの対象には、児童・生徒の不登校、ひきこもり、ネ

ルソーと教師

　18 世紀フランスの思想家であったルソー（Rousseau, J.-J.）は自伝的ともいわれる小説『エミール』の序文で、「提案される教育法が人間にふさわしいものであり、人間の心にぴったりしたものであれば十分だ」「わたしとしては、人間が生まれるあらゆるところで、わたしの提案することを人間に対して行えればそれでいい。人間に対してわたしが提案することをこころみ、かれら自身にとってもほかの人にとっても、最善の結果が得られたということになれば、それでいい」と語っている。ルソーは、すべての人間が持っている人間性を正しく成長させることが教育の目的と考えており、教育の重要性を説いたのである。また、「わたしたちはみな、三種類の先生によって教育される」として、自然、人間、事物を先生としてあげている。その中でも自然の教育が中心であるとして、教育の中心目標を自然の教育とした。「自然人」という人格は、人間が生得的に持っている人間性そのものであるとしたルソーは、それを成長させることが教育の目的であると考えたのである。

　グレクト、家出、モンスター・ペアレンツ等の個人レベルの危機やいじめ、学級がうまく機能しない状況、校内暴力等の集団レベルの危機がある。さらに自然災害、コロナ禍のような疫病や社会的な事件等の地域社会との密接な対応が必要とされるような危機もある。クライシス・マネジメントでは、速やかな初動対応、危機対応マニュアルの作成、関係機関との連携・協力体制の整備、早急な対応策の実施やクレーム対応と記録の作成等が必要である。

2.　教職の歴史

1)　教員養成制度の始まり

（1）　明治時代までの教師

　日本が明治という近代時代を迎える以前から西洋と違い中国、韓国、日本などの東アジアの儒教圏では、教えを受ける先生を尊敬する文化が存在した。したがって、江戸時代、師範学校が存在せずとも、武士の子は「藩校」で、庶民の子の多くは自主的に「寺子屋」で読み書き算などを師匠から教えても

らい、寺子屋の教師は師匠と呼ばれ、資格を持たずとも、武士、神官、僧侶、庄屋など当時の知識人が教え、師匠たちは読み書き算などを教えるだけではなく、道徳的な知識、礼儀作法なども教え、人格者としても尊敬されていた。ここでは子どもたちに学校で教育指導をする人を「教師」「教員」と呼ぶことになった明治以後の近代の教職の歴史について概説する。

(2) 小学校教師の誕生

1872（明治5）年、日本政府は欧米の学校制度に習い、富国強兵政策の一環として、教育を受けることを臣民の義務とする「**学制**」を創設した。学校で子どもたちを指導する先生は江戸時代の寺子屋の師匠に変わり「教師」と呼ばれ、子どもたちに教える教師を養成する「**師範学校**」が創設された。学制に基づき、全国を32の中学区に分け、さらに5万3760の小学区に分けて小学校を置き「国民皆学」を目指すことになった（実際1874年には2万17校設置）。大量の教師が必要になった政府は、全国各地に師範学校を設け、教師を配置、養成する政策を進めた。

まず、1872（明治5）年、文部省は政府に「小学校教師教導所ヲ建立スルノ伺」を提出し、東京に官立師範学校（のち東京師範学校と改組）を設置し、明治初年アメリカで森有礼が留学していたときの学校の知人である縁で、スコット（Scott, M. M.）を招聘し、アメリカの小学校の初等指導方法などの伝習を行った。1874（明治7）年には、女子師範学校、1875（明治8）年には東京師範学校中学師範科を設置すると同時に、官立師範学校を大阪、宮城、愛知、広島、長崎、新潟に順次設置した（のちに財政上の理由で東京師範学校と女子師範学校だけが残される）。そのため、各府県はそれまで独自に設置していた教員伝習所や教員養成所を師範学校に改組し、原則1年程度の修業年限で教員免許を取得できる速成の教員学校をつくることになった。1880（明治13）年には、教育令の改正に伴い、各府県が師範学校を設置するものとされ、教員資格は師範学校卒業証書と府県知事が授与する免許状の両者が必要ということになった。さらに、1881（明治14）年の「師範学校教則大綱」により、教員養成する師範学校制度は、**初等師範学科**（修業年限1年）、**中等師範学科**（修業年限2年半）、**高等師範学科**（修業年限4年）として確立された。

教師に求められる役割　教師は五者であれ

　ある都道府県の教員採用試験で出題された問題である。「⑤を埋めなさい」という教師に求められる役割を「五者」にたとえた問題である。
　①学者たれ……よく学び、専門教科・領域を深く学べ
　②医者たれ……子どもをよく診て、観察して、しかるべき治療指導を行え
　③易者たれ……児童・生徒の持つ特性・個性を見抜き、成長を援助せよ
　④役者たれ……子どもを集中させ、楽しい授業ができるパフォーマンスを
　⑤（　　　）……

　教職課程を受講する学生に聞いてみると、「翻訳者」（難しいことを易しく教えるから）、「指揮者」（それぞれの楽器の音色を美しいハーモニーに統一するから）などが出される。私はあえて「達者」を入れたい。子どもたちの前に立つ教師が難しい顔で授業をしていては授業も楽しくない。子どもたちの前でアクターとして振舞う教師は、常に元気で明るくはつらつとしていなければならないからである。教師に求められる資質としてこの「五者」の役割が果たせるよう研究と修養（研修）に努めたいものである。

　小学校の教員の条件は、当初 1872（明治5）年の際の「学制」では男女とも 20 歳以上で師範学校卒業免許または中学免許状を取得した者、中学教員の条件は 25 歳以上大学卒業免許状取得者と規定していたが、「師範学校教則大綱」では 17 歳以上、場合によっては 15 歳以上で、卒業後の教員免許の有効期間も 7 年間に制限されていたが、品行や学力試験結果次第では退職まで有効期間がある修身免許状に改めた。実際には、師範学校の卒業生だけで教員をまかなうことはできず、教員検定試験に合格し、府県知事から教員免許状を授与され教員になる者も数多くいた。

2)　教員養成制度の確立

（1）　免許状主義の確立と師範型教師の形成

　1885（明治18）年、「第三次教育令」が通知され、教師の資格は「免許状」取得を必須の条件とすることに一本化された。1886（明治19）年には「小学校教員免許規則」が制定され、師範学校卒業ならびに小学校教員学力試験合

格者にのみ教員免許状を与えるという「**免許状主義**」の方針が示された。これ以来、現在まで教師を務めるには、教員免許状の取得を原則とする「免許状主義」がスタートすることになった。

　1886（明治 19）年、森有礼が文部大臣に就任すると、「**師範学校令**」を発した。森有礼は教員を養成するにあたって、師範学校令第 1 条で、「師範学校は教員となるべきものを養成する所とす、『順良信愛威重』の気質を備えしむること」と述べ、いわゆる「師範学校タイプ」と呼ばれた「順良」（目上の人には従う）、「信愛」（教師同士が仲間として信頼し合う）、「威重」（生徒に威厳を持って指導する）の師範型教師を養成することに力を入れた。これが戦前の教師像を規定することになった。師範学校令にさかのぼる 1881（明治 14）年には「**小学校教員心得**」を制定し、小学校の教師像を①皇室への忠、愛国、人倫理の大道の体現者、②一定の職分内での態度、③政治的中立性と規定した。この「小学校教員心得」は、1873（明治 6）年の「小学校教師心得」から大きく変化し、戦前の小学校教師に忠君愛国の道徳を中心として、教職を天職として国家に忠実な教師像を形成するための心得制定であった。加えて、1890（明治 23）年には「**教育勅語**」が制定され、国民は天皇の臣民として、教育は国策遂行のため形式的で画一的な内容に収斂されていった。

　また、「師範学校令」は、東京に高等師範学校を設置し、各府県には尋常師範学校を設置するように命じた。高等師範学校は尋常師範学校の校長や教員を養成し、尋常師範学校は公立小学校の校長、教員を養成するよう役割分担を明確にした。

（2）　師範学校制度の確立と発展

　1897（明治 30）年の「師範教育令」では、高等師範学校が師範学校・尋常中学校教員を養成し、尋常師範学校を改めた師範学校が小学校教員を養成するとさらに明確化させ、これまで公費制度であった学生の授業料が、私費でも入学できるようになったので、師範学校の数と学生数も大幅に増加することになった。

　1907（明治 40）年には「師範学校規定」に基づいて、師範学校に本科に加えて予備科（修業年限 1 年）が設けられた。本科は修業年限 4 年の第 1 部、修

業年限1年の第2部に分け、第1部は小学校卒業者、予科卒業者が、第2部には中学校・高等女学校卒業者が入学するよう決められた。

1925（大正14）年には「師範学校規定」に基づいて第1部の修業年限が5年制に改正、1931（昭和6）年には本科第2部が2年制に改編された。加えて、1935（昭和10）年には「青年学校教員養成所令」の制定を受け、青年学校教員養成のための青年師範学校を開設した。さらに、終戦前の1943（昭和18）年には、「師範教育令」改正に基づき、各地の師範学校はすべて都道府県立から全国56校の師範学校が官立学校に移管され、旧制中学校卒業程度を入学条件とする**新制師範学校**として始動することになった。

（3）　師範学校生活

師範学校の卒業生は、各地方に設置された師範学校、教員伝習所、師範伝習所で教え、それぞれの地方の学校教師として活躍する教師を育成した。教師を目指した者たちの内訳は、明治時代の初期は主として、武士身分を解かれたかつての士族が多く、官僚のように給与も十分でなかったが、清貧にあっても武士気質を有していたため、そのような教師像が一層保護者たちから尊敬された。明治中期になると、明治初期小学校教育を担った旧士族たちは、中学校、高等学校、帝国大学へ異動する者が多く、小学校教員には農民出身で師範学校を卒業した教師が多数を占めるようになった。この頃から、真面目で誠実だが、内向的で融通が利かない偽善的な聖人としての**「聖職」**的な教師社会が形成されていった。

1886（明治19）年の「師範学校令」は、「生徒ノ学費ハ其ノ学校ヨリ之ヲ支給スヘシ」と規定し、「生徒ハ総テ寄宿舎ニ寄宿セシム」方針を確定したため、寄宿舎での寄宿生活が、それ自体師範学校の重要な内容となった。

（4）　大正の自由主義教育と昭和の軍国主義教育

大正時代に入ると、アメリカのデューイ（Dewey, J.）の経験主義教育の影響などを受け子どもの個性や自由を大切にする新教育が全国の附属学校を中心に広がった。沢柳政太郎の成城学園の自由教育、及川平治の明石女子師範学校での分団式学習、木下竹次の奈良女子師範学校での経験主義学習、野村芳兵衛の児童の村小学校の実践などがある。しかし、残念ながら全国各地の

公立小学校までは広がらなかった。昭和時代に入り**軍国主義教育**が推進され学校教育は天皇制軍国体制を支える大きな役割を担う結果になってしまった。

3）戦後教員養成制度の再出発

（1）　教員養成は大学教育へ

　終戦後、戦前の軍国主義教育を推進したことの反省や社会的混乱、生活苦などの中で、教員の多くが教壇を去った。戦後の教育はまず、高齢の退職教員や検定試験合格者、教員免許状を持たない中学校卒業者まで採用して、教師不足に対応することに追われ、教員養成政策が急務であった。

　戦後の日本の教育政策は、アメリカ教育使節団の勧告を受け、1946（昭和21）年に設置された教育刷新委員会で戦前の教員養成制度を反省し、民主主義的な教員養成制度を確立するには教員養成は師範学校ではなく、大学で教員養成をする前提に立ち、下記のような方針にまとめられた。

　　①　小・中学校教員は、教員養成を目的とする学芸大学卒業者とする。戦前の師範学校だけに限らず、総合大学・単科大学で教職課程を履修した卒業者も可能とする。いわゆる「**開放制の教員養成制度**」がスタートすることになった。

　　②　高等学校教員は主として大学卒業者から採用し、幼稚園および盲・ろう学校教員は①に準ずること。

　　③　現在の教員養成学校のうち、適当なものは学芸大学に改めること。

　　④　教員養成にあたる学校は官立・公立・私立のいずれともすることもできる。

　このように、戦後の教員養成制度の特徴は、学芸大学等の大学で教員養成をすること、そして師範学校系の国立の大学・学部だけでなく、公立、私立大学の一般大学においても、教員養成課程を設置して、そこで教員免許状が取得できるという、いわゆる「開放制の教員養成制度」がスタートするようになったことである。

　しかし、実際には、小・中学校の教員不足は深刻で、学芸大学の中に2年制の教員養成課程を設置したり、都道府県が教員養成所を設置して教員の養

成を行い、高等学校の教員については国立、私立の総合大学の学部で教員養成を受け、教員免許状を取得した学生を教員として採用し対応していた。

1949（昭和24）年には**教育職員免許法**が成立し、教員の免許状は「1級」と「2級」に区分され、1954（昭和29）年には教育職員免許法で履修単位数が増加され、教員養成制度は定着し、1966（昭和41）年頃からは、全国の学芸大学の名称は「教育大学」や総合大学の一学部として教育学部に改組され、教育職が強くなっていった。

(2) デモシカ教師から人材確保法案成立へ

1955（昭和30）年代に入っても慢性的な教員不足が続いた。政府は1974（昭和49）年、長年の懸案であった義務教育学校の教職員の給与改善を行い、優秀な人材を学校教員にするため、「**学校教育の水準の維持向上のための義務教育諸学校の教育職員の人材確保に関する特別措置法**」（人材確保法）を成立させた。これにより、公立学校教員の給与は従来より3割昇給し、1970年代半ばからは教職希望学生が増加傾向に転じ、採用競争率も向上し、教員になるには都道府県教育委員会の厳しい教員採用試験に合格しなければ就職できないという現在の状況が生まれた。

また、1988（昭和63）年には、専門職としての教師の専門性と実践的指導力向上を図るため、教育職員免許法を改正し、これまでの「1級」「2級」の免許状を、大学院修士取得者は「専修」、大学の学士取得者は「1種」、短期大学士取得者は「2種」の3種類に区分再編された。

(3) 専門職制としての教師から専門職としての教師論へ

1966（昭和41）年、ILO・ユネスコは「**教師の地位に関する勧告**」を共同して勧告した。勧告は「**教師の仕事は専門職**であると見なされるべきである」とし、国際的に教師の仕事が専門職であり、それに見合った専門職としての扱いをされるべきであると宣言した。1950（昭和25）年代以来、文部省が実施する教員の勤務評定、道徳教育の創設、全国学力テストの実施、学習指導要領の法的拘束性の強化、家永三郎（東京教育大学教授）編集の高校日本史の教科書検定訴訟など文部省が進める各種の教育政策をめぐり、多くの教師が参加する日本教職員組合は、「教師は労働者である」という**倫理綱領**の立場

に立ち、戦前の教育の反省から民主教育を実現するため、文部省の教育政策に反対の立場をとり、日本の教育現場は大きく対立の時期が続いた。このような時代背景のもとでのILO・ユネスコが「教師は専門職である」という勧告は、一般的に教職は専門職であると認められ、その後の教師の専門職議論は「教職は専門職かどうか」という職業としての専門職制議論から、「教師の役割、機能とは」「社会や学校における役割とは」という「教職の専門職とは何か」という教職の専門性の中身に関する議論に移っていくことになった。

（4）　専門職としての教師へ

　1996（平成8）年には、ユネスコ第45回教育会議が開催され、「**教師の役割と地位に関する勧告**」が採択された。この勧告は、1966年のILO・ユネスコ勧告が完全に実施されていないこと、この勧告を実現するためには、教師は「政治的関与と専門的能力」が必須の能力であると勧告した。勧告はグローバル化の進行、コミュニケーションメディアの革新、コンピュータの到来、若者層の失業の増加、道徳的価値の低下、子どもの社会化に対する家族的紐帯が弱体化し、教育が変容し、教師は教育、授業、指導、評価を行うとともに、学校の現代化に参加し、変化を受容する能力を示すことが求められていると述べ、教師は、子どもの学びを促進するだけではなく、子どもの市民性の育成、思考力・独創性などを発達させなければならないとも謳われている。これら2つの勧告からもわかるように、教師という職業は、複雑に混乱する世界の中にあって、高い専門的見識と幅広い教養と豊かな人格を持ち、発達途上の子どもたちが社会に明るい展望と自分の将来に希望を持ち、成長していくことに責任を負うことを専門家として任された重要な職業であることがわかるであろう。

（5）　常に期待される教師像の提案

　教育の成果はつまるところ教師次第である。したがって、よい教育を実現するには、よい教師を育成しなければならない。そのため、教師についてはこれまで「あるべき教師像」が数多く語られてきた。

　近年では、1987（昭和62）年、教育職員養成審議会答申「教員の資質能力

の向上方策について」が、「**いつの時代も教員に求められる資質能力**」として次の6つの資質能力を示した、①教育者としての使命感、②人間の成長・発達についての深い深い理解、③児童・幼児・生徒に対す教育的愛情、④教科等に関する専門的知識、⑤広く豊かな教養、⑥実践的指導力である。

次に、1997（平成9）年に教育職員養成審議会は、前年に答申された中央教育審議会「21世紀を展望した日本の教育の在り方」を実現する「生きる力」を育成するための教員のあり方として、1987（昭和62）年に示した6つの資質能力に加えて、「**今後特に教員に求められる具体的資質能力**」として、①地球的視野に立って行動するための資質能力、②変化の時代を生きる社会人に求められる資質能力、③教員の職務から必然的に求められる資質能力を求めた。

2000年以降の教育改革は教師教育改革のあり方をめぐり進められるようになった。学力低下問題は同時に学校・教師への批判となり、教職の高度化と専門職化を求めるなど、PISA（OECD主催）等の国際学力調査結果をふまえた国際的な教師教育改革の流れを背景に、教師が備えるべき資質・能力が厳しく問われるようになった。2000年以降次々に実施されたPISA、TIMSS等の調査、TALIS（国際指導環境調査）等の各種の国際的な比較調査結果でこれまで優秀であったはずの日本の教師の指導力、資質・能力、職務範囲の広さ、過重な勤務実態などの各種課題が浮かび上がり、先進諸国に後れをとる日本の教師の高度化と専門職化をいかに図るかという課題解決が求められるようになった。

2008年から各教育大学・教育学部に「教職大学院」を設け教職の高度化を図り、2009年からは全教員に10年に一度教員免許状を更新する「教員免許更新講習」制度を新設し、2006年中央教育審議会答申「今後の教員養成・免許制度の在り方について」で、大学の教員養成が学校現場に対応していないとして、2011年から「教育実習」に加えて「教職実践演習」を導入し実践的指導力を充実させ、「教員養成の質保証」「大学の内部質保証」「教員の質保証」を図る取り組み強化を進めた。いずれにせよ、近年の教育の複雑化・高度化を迎え、教師という仕事は、その資質や能力の向上という課題を抱え、

今後引き続き多様な制度改革と展開を見せ、保護者や国民の要求は高まり、一層教師という仕事はその専門性と資質・能力の高度化を要求される厳しい時代を迎えたといえる。

　2012 年の中央教育審議会答申「教職生活の全体を通じた教員の資質能力の総合的な向上方策について」で、「学び続ける教師像」を実現するため、教員の高度化（修士化）を図る教員免許制度改革を提言した。2000 年以来今日の教育課題が複雑化・困難化・高度化する学校現場の現状をふまえて、諸問題に対応できる教師を育てるため、教員養成を修士レベルに高度化（6 年制）し、「高度な資質を備え、新たな学びが展開できる」指導力のある「高度専門職業人」として位置づけようとした。

　他方、学校現場に目を移すと、団塊世代教員・50 代教員の大量退職と新卒教員の大量採用により、伝統的な校内研修・授業研究が途絶え、急速に教師の専門職化への文化が廃れていった。2013 年には、OECD による「国際教員指導環境調査（TALIS2013）」が行われ、国際比較により日本の教師の優秀性とともに、他国に比べ多様な専門性開発の課題やニーズを抱えていることが明らかになり、国際的に指導環境が整えられていない実態から、日本の教師教育の高度化と専門職化への政策を一層促進することになった。

　2015 年中央教育審議会答申「これからの学校教育を担う教員の資質能力の向上について―学び合い、高め合う教員育成コミュニティの構築に向けて―」では、日本の教師の課題を TALIS 等の国際比較から導き出し、欧米で作成されている「教員スタンダード」にならった「教員育成指標」を作成し、教員養成・教員研修の新制度を提言した。提言は「教師の能力形成を体系的に支援するため……教師がキャリアステージに応じて標準的に習得することが求められる能力の育成指標を策定すること」とし、文部科学省は 2017 年に教育公務員特例法（第 22 条）を改正し、都道府県教育委員会・政令市と教員養成課程を置く地域の各大学が協力して、「教員育成協議会」の場を通して、教員育成指標づくりが進みつつある。

◆引用・参考文献

秋田喜代美・佐藤学編著　2006　『新しい時代の教職入門』有斐閣

佐藤晴雄　2010　『教職概論』学陽書房

陣内靖彦　2005　『東京師範学校生活史研究』東京学芸大学出版会

立田慶裕・今西幸蔵　2010　『学校教員の現代的課題』法律文化社、pp.40-48

永井憲一監修、国際教育法研究会編　1987　『教育条約集』三省堂

古川治　2019　『21 世紀のカリキュラムと教師教育の研究』ERP

山田昇　1993　『戦後日本教員養成史研究』風間書房

ルソー著、今野一雄訳　1962　『エミール』（岩波文庫）岩波書店

II章

教育行政と学校教育の役割

1. 教育行政と教育法

1) 教育行政の役割

（1） 教育行政

　教育行政とは、教育にかかわる行政活動の総体をいう。政治制度や社会組織等の相違によってその概念は多義的であり、イデオロギーによって解釈も異なる。田邊俊治や河野和清ら研究者の考え方を参考にすると、教育行政を法の定めに従った公権的作用と考える**公法学的教育行政論**、教育目的を達成するための手段とする**機能主義的な教育行政論**、統治意思を明確にして教育政策の形成過程を重視する**統治学的教育行政論**の３つに大別される。

　教育基本法は、第16条「教育行政」において、「教育は、不当な支配に服することなく、この法律及び他の法律の定めるところにより行われるべきものであり、教育行政は、国と地方公共団体との適切な役割分担及び相互の協力の下、公正かつ適正に行われなければならない」としている。

　行政には、規制作用、助成作用および実施作用等の機能があるといわれるが、現代においては規制緩和が政治課題となっており、**生涯学習社会**においては助成作用および実施作用を重視することが望まれている。

（2） 中央教育行政（文部科学行政）の機構

　中央教育行政とは、国家による教育行政ということである。国家行政組織法によって、国会に対しての責任を持つ内閣の閣僚である文部科学大臣のもとに、教育や科学に関して国家が決定した方針や事項に基づいての所掌事務を執行する行政機関が文部科学省である。1999年に改正された文部科学省

設置法第3条で、「文部科学省は、教育の振興及び生涯学習の推進を中核とした豊かな人間性を備えた創造的な人材の育成、学術の振興、科学技術の総合的な振興並びにスポーツ及び文化に関する施策の総合的な推進を図るとともに、宗教に関する行政事務を適切に行う」ことを任務として規定しており、第4条では93項目にわたる具体的な所掌事務を示している。

　行政機構としては、文部科学大臣や事務次官等のもと、内部部局（6つの内局など）、施設等の機関（国立教育政策研究所等）、特別の機関（日本学士院、日本ユネスコ国内委員会等）、地方支分局で構成されている。6つの内局には、**総合教育政策局、初等中等教育局**、高等教育局等があり、また中央教育審議会等の各種審議会や外局としてのスポーツ庁や文化庁がある。

（3）　地方教育行政（教育委員会行政）の機構

　戦後の教育において、地方で主導的な役割を果たしてきた行政機構が**教育委員会**であるが、**教育委員会制度**は時代とともに大きく変遷してきている。

　教育の自主化・自立化・民主化・地方分権化といった理念を持つ地方教育行政においては、1948年の教育委員会法施行によって教育委員会制度を創設した。教育委員会制度は、行政や政治に住民がかかわるという意味での**レイマン・コントロール**の考え方によって支えられ、当初は教育委員の選出は住民による公選制であった。

　1956年に教育委員会法が改正され、**地方教育行政の組織及び運営に関する法律**（以下、地教行法）が成立し、教育委員の選出も当該の首長が議会の同意を得て任命することとなった。教育委員会は、合議制に基づく地方行政委員会であり、教育行政は地方公共団体の首長から独立していた。しかし、地教行法の改正によって、2015年4月からは教育委員会を代表する教育長の権限を高める組織に移行した。教育委員会は、会務を総理する教育長および4人の委員をもって組織され、首長から任命された教育長の任期は3年、他の教育委員の任期は4年で、教育委員会の会議は教育長が招集することになった。また地方公共団体の首長は、主宰者として教育委員会（必要に応じて有識者も参加）と総合教育会議を開催し、教育行政の大綱の策定、教育条件の整備や振興策の実施、児童・生徒にかかわる緊急時の対応等ができる権限を

得た。

　教育委員会の職務権限は、地教行法第 21 条に規定され、①所管に属する学校その他の教育機関の設置、管理および廃止に関すること。②学校その他の教育機関の用に供する財産の管理に関すること。③教育委員会および学校その他の教育機関の職員の任免その他の人事に関すること。④学齢生徒および学齢児童の就学ならびに生徒、児童および幼児の入学、転学および退学に関すること。⑤学校の組織編制、教育課程、学習指導、生徒指導および職業指導に関すること。⑥教科書その他の教材の取扱いに関すること。⑦校舎その他の施設および教具その他の施設の整備に関すること。⑧校長、教員その他の教育関係職員の研修に関すること。⑨校長、教員その他の教育関係職員ならびに生徒、児童および幼児の保健、安全、厚生および福利に関すること。⑩学校その他の教育機関の環境衛生に関すること。⑪学校給食に関することなど計 19 項ある。

　教育に関する事務が国家行政から地方行政に移されつつあるが、今後の地方教育行政においては、教育委員会や学校などに対する委任事務が増加するであろう。学校教育が社会教育と協力・連携を深める必要があり、学校運営協議会制度を導入したコミュニティ・スクールでは、学校が地域学校協働本部と協働し、これからの地域社会の教育機関としての役割を果たしていくことになる。

（4）　学校教育行政と社会教育行政

　日本の教育制度は、**学校教育行政**と**社会教育行政**によって支えられている。

　学校教育行政については、教育基本法をふまえて学校教育法、同法施行令および同法施行規則等でその役割を明示している。教育基本法第 6 条は、「法律に定める学校は、公の性質を有するものであって、国、地方公共団体及び法律に定める法人のみが、これを設置することができる」と規定した上で、「前項の学校においては、教育の目標が達成されるよう、教育を受ける者の心身の発達に応じて、体系的な教育が組織的に行われなければならない。この場合において、教育を受ける者が、学校生活を営む上で必要な規律を重んずるとともに、自ら進んで学習に取り組む意欲を高めることを重視して行われな

ければならない」として学校教育のあり方を示している。法律に定める学校とは、基本的には学校教育法第1条で定められた学校（**1条校**）をいう。

　学校教育行政においては、初等中等教育に関する事務以外について、高等教育、教科用図書、学校保健・安全および私立学校に関することが行政事務の対象となっており、教育行財政や教育職員に関することなども重要な所掌事務である。

　社会教育行政については、教育基本法第12条で示している。「個人の要望や社会の要請にこたえ、社会において行われる教育は、国及び地方公共団体によって奨励されなければならない」とし、そのために「国及び地方公共団体は、図書館、博物館、公民館その他の社会教育施設の設置、学校の施設の利用、学習の機会及び情報の提供その他の適当な方法によって社会教育の振興に努めなければならない」とある。これを受けて社会教育法第2条は、社会教育とは、学校の教育課程として行われる教育活動を除き主として青少年および成人に対して行われる組織的な教育活動（体育およびレクリエーションを含む）であるとしている。

　社会教育法第3条は、国および地方公共団体に対し、「社会教育の奨励に必要な施設の設置及び運営、集会の開催、資料の作製、頒布その他の方法により、すべての国民があらゆる機会、あらゆる場所を利用して、自ら実際生活に即する文化的教養を高め得るような環境を醸成するように努めなければならない」としている。さらに社会教育が生涯学習の振興に寄与すること、学校教育や家庭教育との連携・協力の促進を図ることなどを求めている。

2) 教育法規

（1）教育基本法

　わが国の教育に関連する法規は、成文法によって多くの事項が文章として明示されており、憲法、各種の法律、政令や省令、条例や規則などが教育行政の根幹にある。教育法規の中心となるものが日本国憲法の教育分野の条項と考えられている**教育基本法**であり、2006年12月、約60年ぶりに改訂された。

日本国憲法

教育基本法

1　学校教育法
【初等中等教育】幼稚園設置基準、就学前の子どもに関する教育、保育等の総合的な提供の推進に関する法律、小学校設置基準、中学校設置基準、公立義務教育諸学校の学級編制及び教職員定数の標準に関する法律、高等学校設置基準、公立高等学校の適正配置及び教職員定数の標準等に関する法律

【教科用図書】義務教育諸学校の教科用図書の無償に関する法律、義務教育諸学校の教科用図書の無償措置に関する法律、教科書の発行に関する臨時措置法

【学校保健・安全】学校保健安全法、独立行政法人日本スポーツ振興センター法、学校給食法、食育基本法

【教育振興】学校図書館法、理科教育振興法、産業教育振興法、高等学校の定時制教育及び通信教育振興法、へき地教育振興法、過疎地域自立促進特別措置法

【就学奨励】就学困難な児童及び生徒に係る就学奨励についての国の援助に関する法律、特別支援学校への就学奨励に関する法律、公立高等学校に係る授業料の不徴収及び高等学校等就学支援金の支給に関する法律、独立行政法人日本学生支援機構法

2　私立学校法
私立学校振興助成法、日本私立学校振興・共済事業団法

3　国家行政組織法、文部科学省設置法、国立大学法人法

4　地方自治法
地方教育行政の組織及び運営に関する法律

5　地方財政法
義務教育費国庫負担法、市町村立学校職員給与負担法、義務教育諸学校等の施設費の国庫負担等に関する法律、公立学校施設災害復旧費国庫負担法、地方交付税法

6　国家公務員法、地方公務員法、労働基準法
教育公務員特例法、学校教育の水準の維持向上のための義務教育諸学校の教育職員の人材確保に関する特別措置法、義務教育諸学校における教育の政治的中立の確保に関する臨時措置法、公立の義務教育諸学校等の教育職員の給与等に関する特別措置法、雇用の分野における男女の均等な機会及び待遇の確保等に関する法律、女子教職員の出産に際しての補助教職員の確保に関する法律、育児休業、介護休業等育児又は家族介護を行う労働者の福祉に関する法律、地方公務員の育児休業等に関する法律、労働安全衛生法

7　教育職員免許法
小学校及び中学校の教諭の普通免許状授与に係る教育職員免許法の特例等に関する法律

8　社会教育法
図書館法、博物館法、スポーツ基本法、音楽文化の振興のための学習環境の整備等に関する法律

図 1-Ⅱ-1　教育関係法令の体系

前文において、「民主的で文化的な国家を更に発展させるとともに、世界の平和と人類の福祉の向上に貢献すること」を願い、「この理想を実現するため、個人の尊厳を重んじ、真理と正義を希求し、公共の精神を尊び、豊かな人間性と創造性を備えた人間の育成を期するとともに、伝統を継承し、新しい文化の創造を目指す教育を推進する」として趣旨を明らかにしている。

　第1章は、「教育の目的及び理念」を示して同法全体の枠組みを表し、第1条「教育の目的」は、「教育は、人格の完成を目指し、平和で民主的な国家及び社会の形成者として必要な資質を備えた心身ともに健康な国民の育成を期して行われなければならない」として教育の目的を明らかにしている。他国の多くが「知識と技能」の習得を第一義的にとらえているのに対し、「人格の完成」を目指すことを掲げている。第2条「教育の目標」は、前条で示した教育の目的の実現のため、**学問の自由**を尊重するとし、その内容を5項目としてあげている。第3条の「生涯学習の理念」では、教育の基本的な理念としての「生涯学習」を示している。第4条の「教育の機会均等」については、現代公教育政策の最も重要な課題の1つであり、日本国憲法第14条「法の下の平等」、第20条「信教の自由」、第22条「居住等の自由」や世界人権宣言、国際人権規約、子どもの権利に関する条約等と関連する。障害がある者を対象とした特別支援教育の重要性を明確にした点が新しい。

　第2章「教育の実施に関する基本」では、第5条「義務教育」は、保護する子に対する義務教育の機会の保障と実施責任等を述べるとともに、その際の授業料不徴収の原則を示している。第6条「学校教育」では、教育の目的が達成されるよう、学校教育の実施を必要としていることは前にも述べている。第8条「私立学校」は、私立学校にも「公」の性質および学校教育において果たす重要な役割があり、自主性を尊重すべきことを示した上で、行政は助成その他の適当な方法によって振興に努めなければならないとしている。第9条は「教員」について、教員の使命と職責の重要性を指摘し、身分の尊重とともに教員養成と研修の充実が図られることを求めている。

　第10条から第13条にかけては、従来の「社会教育」（旧法第7条）で示していた内容を、第12条を中心に改訂した条文であり、第13条は、家庭、学

校と地域住民等との連携・協力に努めるという新しい課題を示している。第14条「政治教育」は政治的教養を、第15条「宗教教育」は宗教に関する寛容の態度、宗教に関する一般的な教養および宗教の社会生活における地位を尊重することをあげている。第16条は「教育行政」のあり方を示し、第17条は**「教育振興基本計画」**を策定することを国および地方公共団体に求めている。

(2) 学校教育法

学校教育行政においては、学校の相対的な自律性が認められる一方で、法的拘束性があり、各種の教育法規によって教育活動が助長されたり、制限されたりしている。学校教育法は最重要法規の1つであり、学校教育の実施に大きな役割を果たしている。第1条で学校の定義があり、第2条では設置者として国、地方公共団体および学校法人を示している。ただし、これら以外にも放送大学学園法人、国公立大学法人に加えて企業やNPO法人が特区などで設置者として認められている。第3条では子どもの学習環境を維持するための**設置基準**に従うことを求めており、第5条は**設置者管理主義**、**設置者負担主義**の考え方を示している。第6条では義務教育における**授業料の不徴収**を明示し、第11条は児童・生徒に対する**懲戒権**を認めつつも、**「体罰」**の

コラム

コミュニティ・スクール

学校教育行政の地方分権化の流れは加速されつつあり、「地域に開かれた学校づくり」の新しい政策として提示されたのがコミュニティ・スクールである。2004年の地教行法の改正（第47条の5）に伴って新設された。対象となる学校では、学校運営協議会と呼ばれる機関が、校長から示された教育課程の編成等の学校経営の方針や目標を協議、承認することができ、所管する教育委員会に対して教職員の任免等についての意見具申ができる。協議会の構成員は、当該学校の所在する地域住民、在籍する児童・生徒または幼児の保護者等で教育委員会から任命された者となっている。

こうした取り組みによって、学校を中心とした地域社会のコミュニティが形成され、様々な地域の課題解決が図られることが期待されている。

禁止について言及している。

第2章「義務教育」以下、「幼稚園」「小学校」「中学校」「義務教育学校」「高等学校」「中等教育学校」「特別支援教育」「大学」「高等専門学校」等の諸学校にかかわる規程を記している。「中学校」「高等学校」や「中等教育学校」等の学校にかかわる規程については、「小学校」に準拠する法規が多いことに留意する必要がある。

教育基本法第5条の目的を実現するため、学校教育法第21条では、義務教育での「教育の目標」として、以下の10項目を示している。①社会的活動の促進、自主、自律および協同の精神、規範意識、公正な判断力ならびに公共の精神に基づき主体的に社会形成に参画し、その発展に寄与する態度、②学校内外における自然体験活動の促進、生命および自然の尊重と環境保全に寄与する態度、③わが国と郷土の現状と歴史についての正しい理解、伝統と文化の尊重、わが国と郷土を愛する態度、外国の文化の理解、国際社会の平和と発展に寄与する態度、④家族と家庭の役割、生活に必要な衣食住等の理解と技能、⑤読書と国語教育を通した基礎的な能力、⑥生活に必要な数量の理解と処理能力、⑦科学の理解と処理能力、⑧健康と安全な生活習慣、運動を通じた体力、⑨音楽、美術、文芸その他の芸術の理解と技能、⑩職業知識と技能、勤労を重んじる態度と個性、進路選択能力等の養成を必要としている。規範意識や公共の精神、生命および自然を尊重する精神、環境保全、伝統と文化の尊重、わが国と郷土を愛する態度にかかわることを新しい目標とした。

第30条は、第21条の「教育の目標」を達成するため、「生涯にわたり学習する基盤が培われるよう、基礎的な知識及び技能を習得させるとともに、これらを活用して課題を解決するために必要な思考力、判断力、表現力その他の能力をはぐくみ、主体的に学習に取り組む態度を養うことに、特に意を用いなければならない」としている。こうした考え方は、2008年以降の小・中・高等学校の**学習指導要領の総則**等に深く反映し、基礎的・汎用的能力の育成が期待される。さらに2017年の学習指導要領では、「資質・能力」の育成が目指され、「主体的・対話的で深い学び」（アクティブ・ラーニング）（106ペ

－ジ参照）が方法論として示されている。

2. 学校制度と学校教育

　人間は生まれてすぐに独り立ちできるわけではない。親をはじめとする他者からの援助を受けることによって、人間として生きていくことが可能になる。そのため、子どもの養育、社会化、陶冶を担う教育という営みは、人が誕生して以来何らかの形で行われてきた。しかし、もともと日常生活の中で自然な形で行われていた教育が、学校という教育機関として成立するまでにはいくつもの段階があった。

　学校教育法第1条において学校は、「幼稚園、小学校、中学校、高等学校、中等教育学校、特別支援学校、大学及び高等専門学校とする」と定められている。学校教育は、個人や家庭、地域社会、国家など、様々なレベルで行われる教育の一部であるが、その対象となる範囲は幅広い。学校制度が樹立されて以降も幾度の改革が行われ、現在でも社会状況や子どもの変化に合わせたよりよい制度が模索されている。

1）学校の成立と歴史

　学校教育の歴史を紐解くと、ギリシャやローマの時代までさかのぼることができる。学校を意味する英語 "school" の語源は、古代ギリシャ語の「暇（schole：スコレー）」であり、一部の特権的な市民が、労働を免れて音楽や議論を楽しんだりする暇な時間、暇つぶしの場という意味が込められている。一方、一般大衆を対象とした学校が成立したのは、19世紀以降のことである。

（1）日本における学校誕生と近代化

　日本において現在のような学校制度が設けられたのは、1872（明治5）年の「**学制**」が起点である。それ以前にも教育を行う機関は存在していたが、現在の学校制度とは全く異なる。士農工商の身分制度が絶対的であった江戸時代は、教育においても、武士は武士としての教育、農民は農民としての教育というように、身分によって区別された。武士のための藩校、庶民のための

寺子屋というように、身分によって教育機関が設けられ、そこでの教育内容も異なっていたのである。

　その後、江戸から明治へと時代が移り、身分や階級を問わず、すべての子どもを対象とする新たな教育制度を創設するための制度づくりが進められた。政府は、学校教育を整備するため、1871（明治4）年に文部省を設け、翌年の1872年に学制を公布した。これにより、全国統一の学校制度が日本に初めて誕生した。しかし、新制度がすぐに機能したわけではなく、学校教育を担う教師の養成、学校の建築、財政的な措置といった多くの課題に対処しながら、徐々に就学率を高めていった。また、当時の学校体系は、下等小学4年、上等小学4年、下等中学3年、上等中学3年、年限のない大学で構成されていたが、一部は複線型あるいは分岐型になっており、すべてが統一の学校制度には成り得ていなかった。その後も社会や教育現場の実情に合わせ、学制を廃止し、教育令、改正教育令を公布するなど学校制度の整備が進められた。

（2）　戦後の学校と抱える課題

　終戦後は、日本国憲法第26条1項において、「すべて国民は、法律の定めるところにより、その能力に応じて、ひとしく教育を受ける権利を有する」と定めたように、全国民が平等に教育を受ける権利を保障することを根幹に据えた。そして、複線型だった教育体系を単線型へと改め、小学校6年間、中学校3年間の計9年間を義務教育として位置づけた。

　小・中学校の就学率がおよそ99％、高等学校への進学率が98％、大学への進学率が50％を超えている現状をふまえると、教育の機会均等を目指した戦後の教育改革の理念は、ほぼ達成されたといえるだろう。日本における公教育は、制度面においても実践面においても他国と比べて非常に優れている。教師の授業力・生徒指導力が高く、国際的な学力テストにおいて上位を維持しており、また児童・生徒の学力格差が小さい。しかしながら、小・中学校における**不登校**者数は毎年13万人前後存在し、また高校や大学での中退も一定程度存在している。教育の自由化に伴う新たな課題も表出してきている。子どもにとって、社会にとっての学校の意義と役割の問い直しが求められている。

2) 学校教育の機能と特徴

学校に通うことが当たり前ではなかった時代、子どもたちはどのように暮らし大人になっていったのだろう。現在のように、学校や塾へ通うことを強いられることはなかったが、生まれ育った環境によって、幼い頃から強制的に働かされたり、貧困による飢えや病気に苦しんだりする子どもも多かった。また、文字の読み書きや計算等を学ぶ機会を得て、身の回りの価値観や経験を広げるためには、自分でお金を出して学ぶしかなかった。

学校教育がつくり上げられてきた背景には様々な理由があるが、その大きな役割は、「子どもの学ぶ権利を保障すること」と、「日本社会を形成する人間を育成すること」の2つにまとめられる。今日、学校という存在は、社会の維持・発展にとって不可欠となっている。その一方で、学校へ通うことが当たり前になったことにより生み出される問題も表面化してきている。ここでは、学校教育が果たしている3つの機能と、そういった学校への批判的なまなざしについて検討する。

（1） 学校教育が果たす3つの機能

① 養護・保護機能　　子どもの教育を第一義的に担うのは、親を中心とする家族である。学校は子どもの養護を目的として設けられたわけではないが、結果的に見ると、子どもが労働から解放され、また虐待から逃れられるといった養護の機能を果たしてきた。特に共働きが増加する現代では、子どもの養護・保護にとって学校が果たす役割は大きい。

② 社会化機能　　人は、生まれ育った社会において、社会に必要な知識や言語、価値観、行動様式などを習得し、その社会の一員となっていく。これを**社会化**（socialization）という。現在のように学校が普及するまでは、家庭や地域がこういった機能を担ってきた。しかし、産業の発達に伴って、このような社会化の機能を家庭や地域だけでは賄いきれなくなり、その機能が学校に付託されることとなった。学校が果たす社会化機能には、既存の文化遺産を伝承する保守的側面と、次世代を創造する革新的側面がある。現代社会においては、多様な要望が学校に寄せられ、学校の役割領域が拡大してきている。

③　選抜・配分機能　　すべての子どもが学校教育を受け、社会的に必要な知識や技術を備えるようになると、家系や財産ではなく、個人の能力による競争が生まれる。このような学校の**選抜・配分機能**により、世代間の階層移動を実現した。近代化に伴い、選抜・配分機能は社会の中でより重要な意味を持つようになり、多くの国民が入学者選抜試験によって選抜され、社会に配分されることとなった。過度な競争や選抜方法に対する批判をふまえ、より望ましい選抜方法が模索されている。

（2）　学校への批判的なまなざし

学校が整備・拡張され、社会機能の一部にしっかりと位置づいた一方で、そのように肥大化した学校がもたらす負の側面への批判もある。ここでは、大きく2つに分けてその批判的なとらえ方を見ていく。

①　制度化された学校教育からの脱却　　子どもの学びを支援するはずの学校が、勉強嫌いの子どもを生み出し、選抜と社会的地位の配分機関としての機能を強化している。高校卒業、大学卒業という学歴を得るためだけに学校へ通う子どもも少なくない。校内暴力、いじめによる自殺も後を絶たない。このように、学校教育制度が整備されたことによって生み出された問題もある。イリッチ（Illich, I.）をはじめとする脱学校論者は、学校による教育の独占を批判し、制度に頼らない個人や地域社会の活動を提案した。

②　潜在的（ヒドゥン）カリキュラムによる再生産　　学校で学ぶ内容は学習指導要領によって規定されるが、実際の子どもの学びはそれに留まらない。例えば、教師が子どもに質問をすると、子どもはできるだけ早く、正しく答えようとする。こうした正統・即答主義の価値観を直接的に指導しているわけではないが、結果的に子どもは価値観を獲得する。このような無意図的であるにもかかわらず、子どもが学習することを**潜在的カリキュラム**（47ページ参照）という。潜在的カリキュラムそのものが問題というわけではないが、社会構造の再生産や不適応との関連で批判されることがある。

3）よりよい学校制度への模索

現在の学校教育制度の基盤ができて140年が経過した。この間、よりよい

制度を目指し、社会の変化に合わせた様々な改革が実行されてきた。ここでは、4つの視点から学校教育を取り巻く模索の過程を検討していく。

（1） どのような学校体系を構築するのか

教育の機会均等の原則に基づき、身分等で教育を分ける複線型学校体系から、小学校6年間、中学校3年間、高等学校3年間、大学4年間を基本とする単線型学校体系へと改革されてきた。これが、近年の**教育の自由化**に伴い、再び複線型学校体系へと戻りつつある。

その1つの潮流が、中学校と高等学校を一貫して6年間の教育を行う**中等教育学校**の創設である。複数の校種の連携や併設によって、校種をまたいで一貫した教育を行うことは、私立学校ではこれまでも数多くあった。1998年の学校教育法改正により、公立学校においても中学校と高等学校の教育を一貫して行う中等教育学校の設置が可能になった。子どもの学習状況や卒業後の進路を見据えて、一貫して教育を行うことができる利点がある。一方で、その学校が成績優秀者による受験エリート校になり、地域の学校から学力上位層が集中して進学することで、地域全体の学力水準が低下し、格差がより拡大するといった課題も生じてきている。さらに、2016年の学校教育法改正により、小学校と中学校を一貫して9年間の教育を行う**義務教育学校**を創設することも可能になった。小学校6年・中学校3年の6・3制だけではなく、4・3・2制や5・4制など、設置者が地域の実情にあわせて区切ることも認められている。このような中、東京都ではより高度な専門人材の養成を目指して、小中高の12年間を一貫した公立の**小中高一貫校**を創設しようとする動向もある。

児童・生徒が進学する公立の小・中学校を、保護者が複数校の中から選択できるようにした**学校選択制**も導入され始めている。1997年に当時の文部省が「通学区域制度の弾力的運用について」という通知を出し、2003年に学校教育法施行令が改正された。それにより、市区町村の教育委員会によって学校選択制導入の可否を決められるようになった。特色ある学校づくりが推進され、学校への保護者の関心も高まった反面、廃校に追い込まれる学校も出てきた。また、学校と地域の関係が希薄になったり、過度な競争により

各学校が成果主義に傾倒せざるを得なくなるといった課題もある。

(2) 誰が学校を運営するのか

　わが国では、大都市の学校であろうと地方の学校であろうと、学校規模が大きかろうと小さかろうと、全国どこの学校においても同じように教育を受けることができる。国民の識字率の高さや教育の平等という考え方に基づけば、日本の公教育が果たしてきた功績は非常に大きい。しかし一方で、地域や子どもの実態に柔軟に対応できない画一化された学校教育には、批判的な見方も少なくない。1970 年〜 1980 年代にかけて、いじめや不登校、学級崩壊等による学校教育への不信が高まり、学校への信頼が揺らぎ始めた。その後、1990 年代以降に新自由主義による教育改革が拡がり、地域の実情や特色に合わせた学校づくりが奨励され、親や地域住民の学校教育への参加が活性化した。

　多様なニーズに応える学校教育の実現に向けて、大きく 2 つの制度が構築されている。1つは、親や地域住民が学校運営に参画する仕組みを設ける制度、2 つは、親や地域住民が中心となって学校を運営する制度である。

　① 親や地域住民の参画を促す「学校評議員制度」　1998 年の中央教育審議会答申「今後の地方教育政策の在り方について」の中で、地域住民が学校運営に参画するためとしての仕組みとして**学校評議員制度**が提言された。学校教育法施行規則が 2000 年 1 月に改正され、親や地域住民が学校運営の一部に参加する制度が日本の公立学校で初めて導入された。設置が義務づけられているわけではなく、また校長の求めに応じて助言を行う制度であり、地域や親の意見をゆるやかに学校へ届けることを目指している。

　② 親や地域住民が主体の「学校運営協議会制度（コミュニティ・スクール）」「地方教育行政の組織及び運営に関する法律」が 2004 年に改正され、学校を管理する教育委員会の判断によって、**学校運営協議会**を置くことが可能になった。日本では、この学校運営協議会が置かれた公立学校を、通称「**コミュニティ・スクール**」と呼んでいる。学校運営協議会には、教育委員会や校長に対して、当該校の教職員の任用や教育課程の編成について意見を述べる権限がある。先に紹介した学校評議員制度と比べて、学校運営の重要領域に関

与することができる。

（3） 学校における学習と学力

　学校は、社会の必要に応じて生み出された特別な教育の場であり、社会や家庭から学校へ寄せられる要望によって、位置づけや役割は変化する。現在学校で行われている教育活動を思い起こしてみると、通常の教科指導のほかにも、環境教育、防災教育、キャリア教育、ふるさと教育、消費者教育、シティズンシップ教育、生徒指導、進路指導、給食指導など多岐にわたる。その中でも、子どもの**学力**を高めることは、いつの時代も学校の最重要課題である。しかし、第2部で学習指導要領の変遷を詳しく紹介するように、学校における教育内容は時代や社会によって変化してきた。生活するために最低限必要な読み書き算の「**3R's**（read, write, arithmetic）」を重視する場合もあれば、子ども一人一人の興味・関心・意欲・態度を重視する場合もある。「ゆとり教育」と「詰め込み教育」が振り子のごとく行ったり来たりを繰り返してきたように、学力のとらえ方は一貫しているわけではない。

　1996年の中央教育審議会第一次答申において「**生きる力**」という言葉が登場してから現在まで、わが国における学校教育の最大の目標は、子どもの生きる力の育成である。「生きる力」は、豊かな人間性、確かな学力、健康・体力から構成され、このうち「確かな学力」は、知識・技能、学ぶ意欲、問題発見能力、問題解決能力、思考力、判断力、表現力、学び方の8つの要素からなる。昨今は、OECD が実施している国際的な学力調査（PISA）の影響を受け、理解し記憶したことをふまえて、自分なりに思考し、判断し、表現する**活用力**を育むことを重視している。

　グローバル化が進む変化の激しい社会において、これからの時代を生きる人々にどのような能力が求められるのか。OECD が組織した DeSeCo プロジェクトは、知識や技術の習得ではなく、「1. 道具を相互作用的に用いる」「2. 異質な人々からなる集団で相互に関わり合う」「3. 自律的に行動する」の3カテゴリーで構成される**キー・コンピテンシー**という概念を提起している。直面する複雑な状況に合わせて、これら3つを適切に組み合わせて対応する能力を、今後の国際標準の学力として位置づけようとしている。

（4） 学級規模と教師

　同じ年齢の子どもが一緒に進級する「学級制」は、今でこそ当たり前になっているものの、学校制度が成立した明治初期は、個人の能力による「等級制」が用いられていた。そこでは、定められた29教科について、月次試験、学期卒業試験等の試験に合格しなければ、上の等級に進めなかった。これが、1891（明治24）年に現在のような「学級制」へと移行された。当時は、1学級の児童・生徒数は、尋常小学校が70人以下、高等小学校が60人〜80人以下というように、現在の倍程度の人数で構成されていた。その後、改正のたびに1学級の人数を減らしたものの、実際には基準を超える場合も多く、「すし詰め学級の解消」を求める父母や教職員の運動が行われた。

　このような事態を解消すべく、1958年に小・中学校の学級定員を50人以下、1964年に45人以下へと段階的に減らし、1980年に現在の1学級40人以下となった。それでも、海外と比べると1学級あたりの人数が多いことから、学校における指導・運営体制を充実させるための教職員定数のあり方が模索されている。2021年度から、小学校では全学年で35人学級編制が予定されている。

　わが国では、「公立義務教育諸学校の学級編成および教職員定数の標準に関する法律」によって、1学級の児童・生徒数の基準が定められている。そして、その基準と連動して教職員の人数が決まる。一人の教師が担う児童・生徒数が多過ぎると、きめ細かな指導をしにくくなるが、少な過ぎると多様な意見をねりあげて議論する機会が減少してしまう。そのため、これまでも学級規模に関する様々な調査が行われてきた。しかし、絶対的な適正規模が存在せず、また教職員数が増えるほど財政的負担も増えることから、そう簡単に基準を引き下げられないというのが現状である。

　1学級の人数が多い場合は、都道府県や市町村が独自に条例を制定し、きめ細かな指導を行うための加配教員の配置等が行われている。これにより、複数の教員できめ細かく指導する**ティーム・ティーチング**や、専門性が特に必要となる教科を指導する専科教員の配置を進めている。一方、2学年の子どもを合わせて16人以下（1年生を含むときは8人以下）の小規模校では、複数

学年を合わせて1学級とする複式学級という形態をとっている。

（5） 教育と学習の質保証

　教師や子どもの資質・能力の違いについては、「個性」として積極的にとらえる場合もあれば、過度な差を「格差」ととらえ問題視する場合もある。近年は、教師の質保証や、子どもの学力格差の解消など、どちらかというと差を小さくし、すべての教師、すべての子どもの資質・能力を保障しようとする傾向がある。そして、企業において生産・品質管理のために取り入れられているPDCAサイクル（Plan-Do-Check-Action）、**説明責任（アカウンタビリティー）** という考え方を教育に持ち込み、教師の教育力や子どもの学びの向上に取り組んでいる。ここでは、子どもの学力保証と教師の質保証に分けて紹介する。

　① 子どもの学力と学習習慣の保証　　これまでも学校は、子どもの学力や生活実態の把握に努め、それをふまえて授業や生活指導を行ってきた。文部科学省は、すべての公立学校を対象として「教育課程の編成・実施状況調査」を実施し、教育課程が適切に行われているかどうかを把握してきた。これらの調査に加えて、2007年度より全国学力・学習状況調査が導入された。背景には、OECDが2000年以降に行っている**「生徒の学習到達度調査（PISA）」** がある。教師や学校を対象として「教育が適切に行われたかどうか」を調査するのではなく、実際に「子どもの学力や学習習慣」を把握することを目指している。都道府県ごとの結果公表によって過度な競争が生まれ、短期的なテスト対策に追われるといった批判もある。

　② 教師の資質・能力の向上と保証　　初任者研修や10年目研修といった行政研修が義務化され、また、2009年度からは**教員免許更新制度**が施行された。教員の勤務評価を処遇等に反映させる**人事考課制度**も取り入れられている。文部科学省による優秀教員の全国表彰や、都道府県単位で行われるスーパー・ティーチャー認定制度も導入されている。教員養成においては、教育実践経験を高めるため教育実習期間が延長されたり、学校ボランティア等を義務化したりする動きもある。また、教職課程のスタンダード化を目的として、2017年に「教職課程コアカリキュラム」が策定された。これらに

加え、教員養成・採用・研修の一体的なスタンダードを設ける動きが進んでいる。中央教育審議会（2015）が示した「これからの学校教育を担う教員の資質能力の向上について（答申）」をふまえ、教育委員会と大学等で構成される教員育成協議会を各都道府県・政令指定都市に創設し、教員育成指標とそれに基づく教員研修計画を策定する新しい仕組みが取り入れられ始めている。研修や教育の義務化は、教師の力量の質保証につながっているものの、教師や学校が自主的に研修を行う文化や意欲を奪ってしまったととらえる見方もある。

4）これからの学校制度を考える視点

　私たちが暮らす社会は、情報化や科学の急速な進展により、便利になり暮らしやすくなっている。しかし、子どもの学習意欲の低下、格差の拡大、ケータイやゲーム、ネットへの依存など、多くの問題を抱えている。ここでは、今後の学校教育を考える上で3つの視点から検討したい。

（1）　公教育とは何か

　様々な教育改革が進められてきたが、教育改革依存症との指摘もあるように、改革することが目的化し、子どもにとって、社会にとって学校が果たすべき役割や機能について議論されないまま進められてきたきらいがある。とりわけ新自由主義による教育改革は、これまでの公教育のあり方に根本から揺さぶりをかけている。6年制の中等教育学校や学校選択制の拡大によって、学校の差別化・序列化が促進され、平等であるはずの公教育に差が生まれ始めている。

（2）　予備校化する学校・求められるコンピテンシー

　これからの社会を生きる子どもを育むために、学校でどのような教育を行い、生き抜く力を育むのか。かつてのように、大学卒業や高校卒業という学歴や学校歴ではなく、個々人が持つ能力（コンピテンシー）をいかに育むかが重要になってきている。しかし、大学は就職のための、高校は大学入学のための、中学は高校入学のための予備校になり、短期的な知識や受験対策に終始する場合も少なくない。社会がますますグローバル化する中で、ガラパゴ

ス化された学校教育からいかに脱却するかが求められている。

（3）　情報化社会の学校

　情報化の波は、学校教育の形さえ変えようとしている。インターネット上には様々な学習教材がアップされ、ネットワークに接続できる環境があれば、いつでもどこでも誰とでも学習することが可能になった。学校という空間に集まり、一斉指導という形態で授業を行わなくとも、インターネットを介して世界中の人々と学び合うことができる。情報化社会における公教育とは何か。現代社会における教育や学校、そして教師の役割や機能を問い直す時期がきている。

◆引用・参考文献

姉崎洋一ほか　2012　『解説　教育六法　2012』三省堂

I. イリッチ著、東洋・小澤周三訳　1977　『脱学校の社会』東京創元社

窪田眞二・小川友次　2011　『教育法規便覧　2012』学陽書房

下村哲夫　1996　『教育の制度と経営』文教書院

二宮皓・岡東壽隆・河野和清編　1997　『教育の制度と経営』福村出版

2部

教育課程と教育指導

I 章

教育課程の考え方

1. 学習指導要領と教育課程

1) カリキュラムと教育課程

　教育課程は、今日ではごく普通に使われる語になっているが、用語の歴史は比較的新しく、**カリキュラム**の訳語として使われるようになったのは戦後教育改革以降のことである。アメリカやイギリスで使われてきた教育用語であるカリキュラムは、それまでにも、学科課程とか教科課程として知られてきた。アメリカの教育制度を紹介した阿部重孝が『学科課程論』（1932 年）を著して、わが国で初めて本格的にカリキュラムを論じたほか、戦後の新しい学制が始まった当初には、カリキュラムは教科課程と呼ばれていた。今日でもカリキュラムを教科課程と教科外課程に分けて論じる人もいるが、そうした区別をせず、教育課程と呼ぶのが普通である。カリキュラムの訳語の変化は、カバーする範囲の広がりを反映している。本章では、基本的に教育課程という語を用いるが、含意の違いに留意することが必要である場合にはカリキュラムという語を用いる。

（1）　カリキュラムとは

　カリキュラムはもともとラテン語で、その語源は競馬の競走路を指すといわれるが、今日では教育用語となっているだけではなく、英語として定着している。すなわち、英語で履歴書のことを curriculum vitae という。CV と略されることが多いが、これは人生（生活）vitae の履歴 curriculum ということである。このように、カリキュラムには履歴、これまでに歩んできた道（コース）、という意味がある。

このように、「たどる道」というカリキュラムの語源に注目してみると、教育課程の原語であるカリキュラムとはこれまでにたどってきた道であると同時に、これからたどる道でもある。カリキュラムは、意図的な営みである教育の、現在およびこれからの計画であると同時に、これまでの**学びの履歴**としての意味をも含んでいる。この点で、後に触れるように、指導が行われる前の教育計画として定義されている教育課程よりも広い含意を持っている。

カリキュラムはまた、意図したカリキュラム、実施したカリキュラム、達成されたカリキュラム、と3つの側面に分けて語られる（89ページ参照）。意図したカリキュラムとは、学習者の学習内容や教師の指導内容をあらかじめ計画したもので、わが国の教育課程の発想は主としてカリキュラムのこの点に注目したものである。実施した（implemented）カリキュラムとは、あらかじめ作成された計画に基づいて教えられ、学ばれる局面のことである。教えられることと学ばれることは一致するわけではないので、両者を分けて教えられた（taught）カリキュラムと学ばれた（learned）カリキュラムとに区別することもできる。何がどのように学ばれたのか（学ばれたカリキュラム）は評価のプロセスを経て初めて明らかになる。達成されたカリキュラムとは、評価によって確認された学習者の学びの内実であり、その評価は様々なテストや観察などの方法によって行われるのだが、こうした側面もカリキュラムという語が持つ意味の中に含まれている。

（2）　スコープとシーケンス

スコープ（scope）と**シーケンス**（sequence）はもともと、アメリカにおける児童中心主義教育の流れの中で用いられるようになった概念であり、スコープとは子どもに与えるべき生活経験内容の領域のことであり、シーケンスとはスコープで示された内容を年齢や発達にそくして配列する順次性のことである。この2つは今日では教育課程編成の基本的な枠組みとして定着した言葉となっている。

社会の複雑化に伴って学校教育に求められることが多岐にわたり、教育の内容が高度化してくるとともに、スコープをどのように設定するのかという問題は重要性を増す。際限なく教育の内容を増やしたり、教育の期間を延ば

したりすることはできないからである。教育の内容や活動の選択が必要であり、教育課程に含めるべきものとそうでないものとをどのように分けるのか、ということが問われる。これがスコープの問題である。スコープを定める上で重要なことは社会的必要の視点であるが、何が社会的に必要であるのかということは、当然ながら社会の変化によって変わってくるものである。とりわけ変化がますます激しくなっている現代では、それを見定めることが難しい。教育の内容が不断に見直されるのはそのためである。

シーケンスには、大きく分けて、教科の背景にある学問体系に対応させて教材を配列しようとする考え方と、子どもの関心・意欲や認知的・身体的発達とを原則にしようとする2つの考えがある。現実にはこの2つは入り混じっているのが普通だが、算数・数学などは前者、生活科、総合的な学習の時間などは後者の考えが中心になっているといえる。

教育課程を編成する上では、シーケンスという視点も非常に重要である。学校では学習内容を順序立てて提示したり、特定の学習活動を実施する時期（学年・学期など）を選んだりしている。それはなぜなのだろうか。学校教育法の幼稚園、小・中学校の各目的に見られる「心身の発達に応じて」というフレーズは学習内容に順次性を与えるシーケンスの視点である。子どもの認知発達、身体的・情緒的発達のレベルを無視して学習内容を配列することは効果的な学習に結びつかないばかりか、子どもの能力の発達と成長にとって有害になることすらある。

教育の内容や活動の配列は二重の意味で重要な問題である。まず、「心身の発達に応じて」という文言が教育基本法や学校教育法にあるように、教育の内容や活動は学習する主体の発達のレベルに合ったものでなければならない。教育課程編成は何よりもまず学ぶ主体の発達的条件に合致することを求められる。もう1つは教科の内容の論理に由来する順次性がある。容易なものから難しいものへ、基礎的なものから応用的・発展的なものへと配列されるというのが一般的に受け入れられてきた教科の論理であるが、加えて、知識の体系を反映すべきであるという考え方もある。さらに、学習者の関心や知的好奇心を高めることを視野に入れると、教科の内容にどのような順次性

を持たせるのかという問題は単純ではない。

（3）　タイラーの原理

　教育課程の開発に関する理論としてよく知られているのは、**タイラー**（Tyler, R.）の考え方である。彼がシカゴ大学において担当する授業科目のために書いた書、*Basic Principles of Curriculum and Instruction*（1949）は今なお読まれ、引用されているが、「教育課程を見て、分析し、解釈するための基準」として書かれたものである。いわゆる「**タイラーの原理**」（97 ページ参照）として知られるこの原理は、①どんな目標を達成しようとするのか、②どんな教育的経験を選択するのか、③選択された教育的経験をどのように組織化するのか、④その結果をどのように測定・評価するのか、という 4 つの疑問を投げかけ、それへの解答により設定される 4 つの段階で教育課程は分析・解釈されるべきであると主張した。これは、目標を明確にし、そのための内容（教育的経験）を選択し、その内容を展開・実施し、結果を評価するという、目標追求的な行為には広くあてはまる 4 つの段階を、授業を含む教育活動に採り入れるものであった。教育課程は目標を目指して一定の手順に基づき展開される教育活動を生み出すプロセスということになる。こうした発想を持っていることから「タイラーの原理」は工学的なアプローチといわれる。

　「タイラーの原理」の後、**ブルーム**（Bloom, B.）は細かく分けた教育目標を、学習者を主語にした行動的な言語で記述し、観察可能な形で分類して示すことを試みた（98 ページ参照）。そうした行動主義的、工学的な志向性の実践的な帰結はおよそ学習を目標の達成という点からのみとらえようとする傾向の強まりであった。これには**目標準拠評価**が対応する。それに対して、目標達成を基準とするのみでは学習によって生じる様々な重要な変化をとらえることはできないという考えに基づいて、**目標にとらわれない評価**（goal-free evaluation）が評価の手法として主張されるようになった。これは、評価の際に目標にとらわれないことにより、評価者がとらわれがちな様々なバイアスを軽減し、対象をありのままに評価しようという考え方である。

（4）　新しい評価の方法

　教育課程に関する議論の中で、かつて教育目標論に関心が寄せられていた

が、今日では関心は評価論に移ってきている。伝統的には、評価とは目標追求した教育活動が終了した時期、あるいは少なくともひと区切りついたときに行う活動であると理解されてきたが、むしろ評価方法を先に定めてから教育を計画するという考え方が注目されている。

目標設定から指導計画を立て、評価を経て学習による望ましい達成を目指すという伝統的アプローチとは逆に、求められている結果（目標）をまず明確にし、次いで承認できる証拠（評価方法）を確定し、最後に学習経験と指導の計画を立てる、というもので、これは教育活動がもたらす結果からさかのぼって教育を設計し、指導よりもむしろその前に評価方法を考えるという点から、「**逆向き設計**」と呼ばれている（西岡 2005）。こうしたアプローチが注目されるのは、子どもの思考力、判断力、表現力などを高める学習活動では従来のテストや観察のような評価手段よりも、子どもが実際につくった作品や演じたパフォーマンスに基づいて評価するのが有効な方法であるとの考えがあるからである。

また、**ポートフォリオ評価**（104ページ参照）とか**パフォーマンス評価**といった評価手法が導入されるようになってきた。ポートフォリオとは紙挟み、書類入れやファイルのことだが、転じて画家・写真家・デザイナーなどが自分の作品を整理してまとめたもの、俳優が売り込み用の自分の写真を入れるものもポートフォリオというようになった。教育の世界では、総合的な学習の時間の学習活動の評価方法として注目されており、学習活動において児童・生徒が作成した作文、レポート、作品、活動の様子を伝える写真などをファイルに入れて保存する方法である。こうしたポートフォリオやパフォーマンスを評価する際には、**ルーブリック**（**指標**）という手法が用いられることが多い。ルーブリックとは、学習結果を数段階のレベルに分けて、そのそれぞれを言葉で記述し、達成度を判断する基準を指導の前に示す指標である。

（5）潜在的カリキュラム

アメリカやイギリスにおいてカリキュラムの標準的な定義として広く知られるのは、教師の指導のもとで子どもが持つ学習経験の総体というものである。この定義に基づけば、子どもの学習経験が教師の意図をはずれたものに

なりうることを認めなければならない。**潜在的カリキュラム**（hidden curriculum）の存在に初めて注目したジャクソン（Jackson, P. W.）は、学校の教室で毎日繰り返される体験を通して、子どもたちは暗黙のうちに、我慢強く待つこと、自分の欲求を諦めること、ひたすら自分に課せられた仕事に専念することなどを学んでいくという。こうしたことは教師が教えようとしたことではないにもかかわらず、表向きの教育計画に基づいて学ぶ過程で同時に子どもたちが学んでいくことだというのである。確かに、子どもの学習経験には目に見える形で展開される面だけでなく、それに表裏一体のごとく付随して展開される、もう1つの面がある。それもまた子どもの学びを形成しているのである。

潜在的カリキュラムによる学びは無視できない。**隠れたカリキュラム**とも呼ばれるこうした学習の存在は、学校において、建前ばかりのメッセージや、当然視されて疑いを容れない学校教育のシステムだけで子どもたちが学んでいるのではないことに気づかせてくれる。

2）学習指導要領と教育課程
（1）教育課程の定義

一般によく知られている定義によると、教育課程は「学校教育の目的や目標を達成するために、教育の内容を児童・生徒の心身の発達に応じ、授業との関連において総合的に組織した学校の教育計画」とされている（文部省教職研究会 1990）。教育課程の中には、各教科のみならず、学校行事などの特別活動をはじめ、多様な教育活動が学年に対応する形で、授業時数を確保して組み込まれている。したがって、小学校の各学校の教育課程はより具体的に、教育課程の領域も明確にして、「教育基本法や学校教育法をはじめとする教育課程に関する法令に従い、各教科、道徳、外国語活動、総合的な学習の時間及び特別活動についてそれらの目標やねらいを実現するよう教育の内容を学年に応じ、授業時数との関連において組織した各学校の教育計画」（文部科学省 2008a）であると定義されている。

これらの定義から明らかなように、教育課程は「学校の教育計画」であり、それを編成するのは各学校である。しかし、各学校が自由に教育課程を編成

することができるかというと、そうではない。教育の目的・目標を定めた教育基本法や学校教育法、さらには学校教育法施行規則などの省令による規則やそれに基づいて定められる文部科学省告示文書の学習指導要領（幼稚園は幼稚園教育要領）に従い、その範囲内で編成しなければならない。

(2) 教育課程が編成される仕組み

教育課程が編成される仕組みの概略は次の通りである。

まず、文部科学大臣が**教育課程の基準**の改訂のために中央教育審議会に諮問を出す。中央教育審議会の教育課程部会はその諮問に答えて検討し、審議のまとめを公表する。それがパブリック・コメントに付されるなどした後、答申として出される。その答申をふまえて学習指導要領が改訂され、文部科学大臣により**公示**される。学習指導要領の告示と同時に学校教育法施行規則が改正され、同規則の別表としてつけられた総授業時数などが示される。

法律主義に基づいて公教育が運営されているわが国では、教育に関する事項は法律およびそれに従って定められる政令・省令・規則などによって規定されている。まず、教育基本法で**教育の目的**（第1条）が「人格の完成を目指し、平和で民主的な国家及び社会の形成者として必要な資質を備えた心身ともに健康な国民の育成」とされ、第2条では、「幅広い知識と教養を身に付け、真理を求める態度を養い、豊かな情操と道徳心を培うとともに、健やかな身体を養うこと」をはじめとして5つの教育の目標が定められている。

教育の目的・目標は学校のみならず広く社会で行われる教育の全般にかかわるものであるが、学校教育については、学校教育法によって小学校、中学校などの学校段階ごとに目的が定められるとともに、10項目にわたる**義務教育の目標**が定められている。小学校の目的は、「心身の発達に応じて、義務教育として行われる普通教育のうち基礎的なものを施すこと」（第29条）とされ、中学校は「小学校における教育の基礎の上に、心身の発達に応じて、義務教育として行われる普通教育を施すこと」（第45条）とされている。

ここにあるように、「心身の発達に応じて」というのは学校教育の重要な原則である。また、小学校、中学校の教育は**普通教育**と特徴づけられている。普通教育の語は教育基本法制定当初から用いられており、「人たる者にはだ

れにも共通に且つ先天的に備えており、又これある故に人が人たることを得る精神的、肉体的諸機能を十分に、且つ調和的に発達せしめる目的の教育」（文部省教育法令研究会 1947）と定義された。今日では、全国民に共通の、一般的・基礎的な、職業的・専門的でない教育として理解されている。

　2006年に改正された学校教育法では、小・中学校においては目的の実現と義務教育の目標の達成のために、「生涯にわたり学習する基盤が培われるよう、基礎的な知識及び技能を習得させるとともに、これらを活用して課題を解決するために必要な思考力、判断力、表現力その他の能力をはぐくみ、主体的に学習に取り組む態度を養う」（第30条の②）こと、児童・生徒の「体験的な学習活動、特にボランティア活動など社会奉仕体験活動、自然体験活動その他の体験活動の充実に努めるものとする」（第31条）とあり、教育指導上の配慮事項が明記されている。

　こうした法令の規定をより詳細に定めるべく、学校教育法では、教育課程に関する事項は文部科学大臣が定めることとされている。この定めに基づいて、学校教育法施行規則（文部科学省令）には教育課程に関する規定が設けられている。それによって、教育課程を構成する各教科や領域が定められ、各学年におけるそれらの授業時数および総授業時数が定められている。

（3）　学習指導要領とその変遷

　学習指導要領は教育課程の基準であり、それをより所とすることにより各学校が同質の教育を行うことができるように考えられている。表2-Ⅰ-1は2017年の学習指導要領改訂により、小・中学校の各教科、教育課程の領域がどのようになっているのかを示したものである。改訂に先立って行われた2015年の改正により、道徳が「特別の教科である道徳」として教科化され

表2-Ⅰ-1　小・中学校の教育課程

	各教科	教育課程の領域
小学校	国語、社会、算数、理科、生活、音楽、図画工作、家庭、体育、外国語	特別の教科　道徳、外国語活動、総合的な学習の時間、特別活動
中学校	国語、社会、数学、理科、音楽、美術、保健体育、技術・家庭、外国語	特別の教科　道徳、総合的な学習の時間、特別活動

たことがこの改訂に反映している。

　2017 年の改訂でも 2008 年の改訂を受け継いで、中学校の教育課程におい
て必修教科と選択教科の区分がなくされ、各教科として１つにまとめられて
いる。中学校では 1947 年の最初の学習指導要領において必修教科と選択教
科に分けられ、その区分が守られてきたが、その点に変更が加えられた。

　学習指導要領の変遷はわが国の教育課程の基準の変遷であるが、小学校学
習指導要領の変化をまとめた表 2-Ⅰ-2 を見ればいくつかの注目点が浮かび
上がってくる。

　まず、最初の学習指導要領および 1951 年改訂までは、試案すなわち教師
のための手引きという性格であったが、1958 年改訂以降は文部省（文部科学

表 2-Ⅰ-2　学習指導要領（小学校）の変遷

		小学校学習指導要領
1947年	試案	小中を合わせた『学習指導要領一般編（試案）』 国語　**社会**　算数　理科　音楽　図画工作　**家庭科**　体育　**自由研究**
1951年	試案	小中高を合わせた『学習指導要領一般編（試案）昭和 26 年（1951 年）改訂版』 各教科（国語・算数　社会・理科　音楽・図画工作・家庭　体育の４経験領域） **教科以外の活動**（中学校では**特別教育活動**）
1958年	告示	各教科（国語　社会　算数　理科　音楽　図画工作　家庭　体育） **道徳　特別教育活動　学校行事等**
1968年	告示	各教科（国語　社会　算数　理科　音楽　図画工作　家庭　体育） 道徳　**特別活動**
1977年	告示	各教科（国語　社会　算数　理科　音楽　図画工作　家庭　体育） 道徳　特別活動
1989年	告示	各教科（国語　社会　算数　理科　**生活**　音楽　図画工作　家庭　体育） 道徳　特別活動
1998年	告示	各教科（国語　社会　算数　理科　生活　音楽　図画工作　家庭　体育） 道徳　特別活動　**総合的な学習の時間**
2008年	告示	各教科（国語　社会　算数　理科　生活　音楽　図画工作　家庭　体育） 道徳　特別活動　**外国語活動**　総合的な学習の時間
2017年	告示	各教科（国語　社会　算数　理科　生活　音楽　図画工作　家庭　体育　**外国語**） **特別の教科　道徳**　外国語活動　総合的な学習の時間　特別活動

注）ゴシックは新設ないし改変された教科もしくは教育課程領域。

PISA 型学力

2000 年の実施以降、3 年に一度 OECD により PISA（Program for International Student Assessment）と呼ばれる国際学力調査が行われている。これは、OECD 加盟国の 15 歳の生徒を対象に、読解力、数学的リテラシー、科学的リテラシーの 3 つのリテラシーについて学力を評価するものである。リテラシーとは、もともとは学校での学習を通して身につけた読み書き能力のことであったのだが、社会の複雑化とともにその内容は高度化し、今日では機能的識字というように、単なる読み書き能力ではなく、現代社会で生きていく上で必要とされる基礎的な能力を表す概念として用いられている。PISA がいうリテラシーは先進国において学校教育を通して育てるべき学力の論議に大きな影響を与えている。その背景は 21 世紀の知識基盤社会の到来とグローバル化の進展の中で、批判的な思考力を持ち、知識を総合して課題解決に生かしたり、新しいアイデアを生み出したりする自律的な力が求められるようになっているということであり、PISA で評価される学力は「知識や技能を、実生活の様々な場面で直面する課題にどの程度活用できるかどうか」というものである。こうした学力観はわが国でも活用型学力として学習指導要領にも採り入れられ、これからの学校における教育課程のあり方にも影響を与えるものである。

PISA の特徴は、図表・グラフ・地図などを含む文章（「非連続型テキスト」という）が重視されること、自由記述形式での出題が多いこと、自由記述式では、答えを出すための方法や考え方を説明することが求められること、特に読解力では情報の取り出し、解釈・理解、熟考・判断、さらに自分の意見を表現することが求められることなどである。

省）の告示となり、国家基準の性格を持つものとされている。同時にこの年の改訂により道徳の時間が設けられることとなった。それにより、小・中学校での道徳教育は教育活動の全体で行うことに加えて、道徳の時間でも行われることとなった。

次に、最初の学習指導要領で社会、家庭、自由研究の 3 つが新設されたことである。これらは戦後の教育を特徴づけるものであり、憲法で示された平和で民主的な社会の形成者を育てるという課題とかかわるものであった。自由研究はその後、教科以外の活動、特別教育活動と形を変えて、1968 年改訂（中学校は 1969 年改訂）以降は学校行事等ともあわせて特別活動として教育課程に位置づけられていく。

1989 年の改訂により、小学校の第 1・2 学年の社会と理科がなくなり、**生活科**が新設された。学習指導要領によれば、これは、「具体的な活動や体験を通して、自分と身近な人々、社会及び自然とのかかわりに関心をもち、自分自身や自分の生活について考えさせるとともに、その過程において生活上必要な習慣や技能を身に付けさせ、自立への基礎を養う」ことを目標とする教科である。また、1998 年の改訂により、**総合的な学習の時間**が設けられることになった。これらにより、従来の教科とは異なる考え方に基づき、体験を重視した広領域的な学習が教育課程に位置づけられた。

　2008 年の改訂により、小学校第 5・6 学年に**外国語活動**が導入された。グローバル化の時代を迎えて、諸外国の小学校でも近年、外国語教育への取り組みが活発化しているが、わが国の小学校において初めて外国語が扱われることになったのは大きな変化であった。

　また、2017 年の改訂では小学校の各教科に**外国語**が新設され、第 5・6 学年に置かれ、外国語教育の強化が図られた。この改訂では、学習の基盤となる資質・能力として言語能力、情報活用能力、問題発見・解決能力の 3 つの育成が示された。

（4）　新しい能力

　知識基盤社会の到来とグローバル化は学校教育を通して形成すべき能力についての考え方にも大きな変化をもたらしている。学力に関する論議の中では、知識や技能とともに、関心・意欲・態度を含んだ総合的な力が重要であると考えられるようになっている。そうした力は学校教育の文脈では「生きる力」と呼ばれているが、OECD（経済協力開発機構）が提唱する**キー・コンピテンシー**（75〜77 ページ参照）や**リテラシー**、内閣府の**人間力**や経済産業省の**社会人基礎力**など様々な表現で呼ばれている。それらはいずれもそれなりに複雑で高度な力を独特の表現で言い表されているが、共通の特徴に注目して新しい能力と総称できるものである。

　教育課程の編成は社会の変化とその要請として表れる、こうした現代的な課題に応えていくとともに、個々人の**ウェルビーイング**（身体的、精神的、社会的に良好な状態）をも高めていくという、難しい課題を背負っている。

2. 道徳教育の指導

　教育は、教師と児童・生徒との出会いから始まる。出会いは人格の触れ合いである。しかし、だから教師は道徳的な完成者でなければならない、ということではない。教師に求められるのは「よりよく生きたい」と望み、「いかに生きるべきか」を考え、「人間としての生き方とは」と自らに問いかける姿勢である。大切なことは、教師が人格的完成者であることよりもむしろ、**人間としての生き方の探究者**であり続けることである。自らの生き方を問い、学び続けようとする教師の姿勢が、児童・生徒にとっては、自分もよりよく生きようと共感することのできる手本となる。

　古代ギリシャにおいて道徳哲学を開始したソクラテスは、私たちにこう問いかけている。「大切にしなければならないのは、ただ生きるということではなくて、善く生きるということなのだ」（プラトン 1968 p.103）。**道徳教育**は、**「善く生きる」**ことを求めて、**「いかに生きるべきか」**を自ら問い続ける教師と、児童・生徒が出会うことによって、彼らが人間としての生き方について考えを深めていく過程である。

1）道徳教育とは何か

　私たちの行動を規制する規範には、法と道徳がある。**カント**（Kant, I.）によれば、法は私たちに対して外的に働く規範であり、道徳は私たちを内面から動かす規範である。例えば、あなたが疲れて電車の座席に座っているとする。そこへ足もとのおぼつかない高齢者がやってくる。あなたは疲れており、目をつぶって寝たふりをする。しかしそれでも、あなたにはある心苦しさが生じているだろう。それは「私は席を譲るべきだ」という内なる声と、「このまま座っていたい」という欲求との、内面的な葛藤である。そこには、このように「私は〜するべきである」という仕方で、あなたを内面から動かそうとする良心の声がある。この良心の働きは、私たちが文化や歴史の中で培ってきたものであり、私たちの人間らしい生活を支える源泉である。道徳教

育は、こうした道徳的な心情を、児童・生徒の内面において、彼らが人間として成長していくための土壌として育む営みである。

2）道徳教育の目標と諸理念

　学校における道徳教育の目標は、学習指導要領「第1章　総則」の「第1　中学校（小学校）教育の基本と教育課程の役割」2 ―（2）の中段に示されている。中学校学習指導要領には「……人間としての生き方を考え、主体的な判断の下に行動し、自立した人間として他者と共によりよく生きるための基盤となる道徳性を養うことを目標とする」とある。そして、続く後段に、具体的な諸理念が示されている。そこにあげられているのは、人間尊重の精神、生命に対する畏敬の念、豊かな心、伝統と文化の尊重、我が国と郷土への愛、個性豊かな文化の創造、平和で民主的な国家及び社会の形成、公共の精神、社会及び国家の発展への努力、他国の尊重、国際社会の平和と発展、環境保全への貢献、未来を拓く主体性のある日本人の育成、以上の事柄である。

　これらの理念の中で、はじめに「人間尊重の精神」があげられている。人間の尊重は、私たちが自己自身を人格として尊重することができることによって可能となる。それとともに私たちは他者を人格として尊重することができる。私たちが自分自身を一個の人間として自覚することと、他者もまた同じ人間であると自覚することとは同時であり、人間尊重の精神はそこに開かれる。「生命に対する畏敬の念」は、私たちが自分自身の生を、人間の歴史さらには生命進化の歴史の中で、命が連綿として引き継がれてきたその1つの先端として発見し、それに驚くことから始まる。私たちはその驚きとともに、自分と他者との命のつながりを知り、また生きとし生けるものすべての命のつながりを知る。そしてすべてのものが今ここに生きていることへの畏敬の念を抱く。「豊かな心」は、読書において、自然との触れ合いにおいて、家庭や学校、地域社会での様々な人との出会いにおいて、あるいは職場体験活動やボランティア活動などの様々な体験において育まれうる。こうした様々なつながりの中で、さらには崇高なものとのつながりの中で、心が豊かに耕された上でこそ、諸他の理念も児童・生徒の中で内面的な意味を獲得する。

そしてこれらの理念が児童・生徒一人一人の人格に浸透していくことで、私たちは「未来を拓く主体性のある日本人」の育成を望みうる。目標として中段に述べられている「道徳性」は、これらすべての理念の基盤を指し、この基盤を養うことが学校における道徳教育の目標となる。

3）道徳教育と「特別の教科　道徳」

（1）　学校における道徳教育と「特別の教科　道徳」

　2017年度に告示された学習指導要領の改訂によって、従来の「道徳の時間」に代わり、「**特別の教科　道徳**」（以下、道徳科と記す）が新設された。道徳の教科化である。この道徳科の位置づけは、学習指導要領「第1章」の「第1」の2 ―（2）に示されている。それによれば、学校における道徳教育は道徳科を「要」として、「学校の教育活動全体を通じて」行われる。この関係については、同「第3章　特別の教科　道徳」の「第3　指導計画の作成と内容の取扱い」の2 ―（2）に示されている。学校における道徳教育は、各教科、総合的な学習の時間および特別活動など、その全教育活動において行われる。しかしそれぞれの教育活動にはそれに固有な目標があり特性があるために、道徳教育としては取り扱う機会が十分ではなくなる。そのため、道徳科が学校における道徳教育全体の要として、その指導を補い、深めるものとなる。

（2）「特別の教科　道徳」の目標

　道徳科の目標は、学習指導要領「第3章」の「第1　目標」で、上述した学校における道徳教育の目標に基づきつつ、次のように示されている。「……道徳的諸価値についての理解を基に、自己を見つめ、物事を広い視野から多面的・多角的に考え、人間としての生き方についての考えを深める学習を通して、道徳的な判断力、心情、実践意欲と態度を育てる」。ここに述べられている、「道徳的諸価値についての理解」、「自己を見つめ」ること、「人間としての生き方についての考えを深める」こと、そして「道徳的な判断力、心情、実践意欲と態度を育てる」こと、さらに「物事を広い視野から多面的・多角的に考え」ること、これらについて詳しく見ていく。

道徳教育は、児童・生徒が単に知識として道徳的に価値があるとされる事柄を知るだけでは果たされない。道徳の知識は、その理解とともに自己を見つめ、行為の善悪を考え、実践することにおいて本当の知識になる。このことは古来より、道徳は教えることができるか、と問われてきたことともかかわっている。ここに道徳教育に固有の難しさがある。

　例えば、学習指導要領「第3章」の「第2　内容」Bの［相互理解、寛容］には、「……それぞれの個性や立場を尊重し、いろいろなものの見方や考え方があることを理解し、寛容の心をもって謙虚に他に学び……」とある。私たちはこれが道徳的に価値を持つことを知っている。児童・生徒もこうした姿勢が人とのかかわりの中で望ましいものであることを、言葉の上ではすぐに理解するだろう。しかし寛容の精神と謙虚さが、自己自身の生き方において見つめられ、自らの行動においてその実践が望まれなければ、それを本当に知ったとはいえない。こうした**「自己を見つめ」**ること、行為の**判断**において自らを省みること、さらに**実践しようという態度**を育むことの重要性は、「内容」においてあげられているどの道徳的価値についてもあてはまる。児童・生徒が道徳を学ぶためには、彼らが道徳的価値と出会い、それを自らの生き方にかかわるものとして受け止め、それとともに**「人間としての生き方についての考えを深め」**、それを実践しようという**意欲**、**心情**を育むことが求められる。

　私たちは道徳的価値と様々な仕方で出会う。実際に人と接する中で、書物や新聞、映画やテレビなど様々なメディアの中で、あるいは自然や崇高なものとの触れ合いの中で、私たちはこれまで自分にはなかったような考え方と出会う。それは同じ物事についての自分とは異なる「多面的・多角的」な考え方である。こうした出会いの中には、「立派だな」と思うものや、「人生の意味」を考えさせてくれるもの、あるいは「生きる喜び」そのものがありうる。そして私たちは「自分もこうなりたい」「こんな生き方って素敵だな」と憧れを抱く。こうした出会いの経験を通して、**「物事を広い視野から多面的・多角的に考え」**、私たちはよりよく生きたいという意欲を持ち、人間としての生き方を自分の生き方として学んでいく。

4）教師に求められる姿勢

（1） 人間としての生き方の探究

　こうした道徳教育にあたる教師に求められるのは、まず誰よりも教師自身が「よく生きるとは」「人間とは何か」「人間としての生き方とは」と自らに問い続ける姿勢である。私たちは決してイエスや仏陀のような道徳的人格の完成者ではない。しかし私たちがいまだ道徳的完成へ向かう途上にあり、その探求者である点においてこそ、児童・生徒が教師に共感を抱く可能性が開かれる。私たちは人間としてよりよく生きるために努力することができる。児童・生徒は、いわばその背中を見ることで、教師とともに悩み考え、努力しようと思う。ここに教師と児童・生徒との人格的な出会いが開かれ、児童・生徒の一人一人が道徳的価値について考えを深めていく出発点がある。

（2） 共感的姿勢

　そのためには、教師に**共感的姿勢**が求められる。道徳教育の指導は、教師による児童・生徒への一方的な押しつけであってはならない。それは彼らが主体的に学ぼうとする意欲を育てることから最も遠いものである。かといって道徳科が単なる話し合いに終われば、これもまた児童・生徒を考えの深まりへ導くことはできない。道徳教育の指導は、**対話**の中で、発問を通じた教師と児童・生徒との**応答関係**の中で行われることが望ましい。そのためには教師が、たとえ児童・生徒の考えや言葉が未熟であったとしても、それを否定するのではなく、肯きながら耳を傾けることである。教師がこうした共感的姿勢によって児童・生徒と向き合うことで、彼らは心を開き、自分で自分の考えを見つめることができるようになる。教師は、彼らが自分自身について内発的に考え、言葉を発していくことができるような指導を工夫していかなければならない。そのためには忍耐強く共感的な姿勢を保ち、彼らに繰り返し問いかけることが求められる。

5）道徳の内容

　道徳の内容は、学習指導要領「第3章」の「第2」において、4つの視点から22の内容項目としてあげられている。4つの視点は次の通りである。

A　主として自分自身に関すること

B　主として人との関わりに関すること

C　主として集団や社会との関わりに関すること

D　主として生命や自然、崇高なものとの関わりに関すること

（1）　自己とのかかわり

　この４つの視点を理解するにあたって、まず人はかかわりの中で生きているということをふまえておかなければならない。私たちは他者、自然や崇高なもの、集団や社会とのかかわりの中で生きている。そしてそればかりではない。Aにあげられている自分自身について、私たちは**自己とのかかわり**という観点を持っている。他の３つの視点に比べて、自分を自分とのかかわりにおいてとらえることを、児童・生徒が理解することは容易ではない。しかし、自己を自己との関係性においてとらえることは、「内容」Aの［自主、自律、自由と責任］に述べられる自律や自主性、主体性の確立の前提となる。現在の自分を、もう一人の自分から見つめ直すことができなければ、私たちはただ周囲に流されて生きることになりかねない。だからこそ「自分自身に関すること」を、自己とのかかわりという観点において理解することが求められる。現在、**自己肯定感**を持つことができず、自分自身を尊重することのできない児童・生徒が多いといわれる（越智 2005）。そうした彼らは学校生活の中で同調主義に流され（後藤 2008）、あるいは無力感から抜け出せずにいる（上村 2008）。こうした点において、道徳の内容の４つの視点が、自分自身に関することから始まることには意義があるだろう。教師自身がこの視点を自己とのかかわりという観点から理解し、児童・生徒を自分で自分を見つめ直すことができるように導くことで、彼らには自律への道が開かれ、自主性あるいは主体性を確立していくことができる。

（2）　４つの視点の相互連関性

　４つの視点は相互に連関を持っている。例えばすでにあげたように、Bの［相互理解、寛容］には、「……それぞれの個性や立場を尊重し、いろいろなものの見方や考え方があることを理解し、寛容の心をもって謙虚に他に学び……」、とある。このように人の個性や立場を尊重することができるためには、

Aの［向上心、個性の伸長］に示されている、「自己を見つめ、自己の向上を図るとともに、個性を伸ばして充実した生き方を追求すること」が求められる。他者の個性や立場を尊重することができることと、自己反省し自らの個性を大切にすることができることとは同時的である。そして自己を見つめ、自己の向上を図ることを通して、私たちは、Dの［よりよく生きる喜び］にある「人間には自らの弱さや醜さを克服する強さや気高く生きようとする心があることを理解し、人間として生きることに喜びを見いだす」ことの大切さにも気づきうる。さらに、自分自身と他の人とをともに個性ある人格として尊重することは、Cの［公正、公平、社会正義］「正義と公正さを重んじ、誰に対しても公平に接し、差別や偏見のない社会の実現に努める」、ここに示されている「差別や偏見のない社会」を実現するための土台となる。このように4つの視点に基づいた内容項目はそれぞれ連関している。教師はこの相互連関性を十分に理解するとともに、内容項目の一つ一つを自己とのかかわりの中でとらえることが望ましい。

6）道徳教育における指導
（1）道徳教育の指導計画
　学校における道徳教育は、学習指導要領「第1章」の「第6　道徳教育に関する配慮事項」の1に示されているように、校長の方針の下、**道徳教育推進教師**を中心として、全教師が協力し展開される。そのために道徳教育の**全体計画**と、また**年間指導計画**を作成することが求められる（「第3章」の「第3　指導計画の作成と内容の取扱い」の1）。なお道徳科の指導においては、児童・生徒や学校の実態に応ずることで、1つの内容項目を複数時にわたって行うなど、弾力的な指導の工夫も求められる。
（2）検定教科書の使用と学習指導案の作成
　道徳が「特別の教科」とされたことで、道徳教育に**検定教科書**が導入されることになった。道徳における教科書の使用は、明治期における**徳育論争**以来の是非が分かれる大きな問題である。しかし、この度の改訂によって、教師は教科書を前提として、授業における主題、ねらい、教材、学習指導の過

程などを計画した学習指導案の作成を求められることになった。いずれにせよ大切なのは、「**問いをつくる**」ことである。それは児童・生徒が自らの生き方を問い直すことができるような、中心となる発問を設定することである。そのために教師は、自らが教材をどのように考えるのか、教材のどの点に問いがあり葛藤があるのかを熟考する必要がある。そして児童・生徒を中心となる問いへ導くために、どのような問いかけを重ねていくかを、よく考えることが求められる。問いがつくられ、中心となる発問が設定されることで、学習指導の過程（導入、展開、終末）の道筋も開けていく。

　ここでは、『中学校道徳　読み物資料集』「闇の中の炎」を例にとって、中心となる発問の作成を考えてみる（文部科学省 2012 pp.52-4）。この読み物資料は多様な読解に開かれており、ここでは公開されている活用例とは異なる主題から中心となる発問を考える。主題は、学習指導要領「第3章」の「第2内容」Aの［自主、自律、自由と責任］「自律の精神を重んじ、自主的に考え、判断し、誠実に実行してその結果に責任をもつ」とする。あらすじは次の通りである。

　理沙はコンクールに出展する絵画の作成に煮詰まっていた。理沙はある画集を開き、その中の一枚の作品、闇の中で炎を囲んでいる人々の絵に引きつけられる。理沙はこの絵から着想を得て、同じ構成で作品を描き始める。しかし描き進めるにつれて、人の真似をしているのでは、という内心の葛藤が始まる。ある日理沙は父親に、友だちの話として自ら抱いている疑念を問いかける。父親は、他の人の作品を見てアイデアを掴むことは誰にでもあるとしながらも、「本当は、その子はもう分かってるんじゃないか。自分がダメだと思ったらダメだって」、と理沙を諭す。部屋に戻った理沙は、もうコンクールに間に合わないことを覚悟しながらも、新しい作品を夢中になって描き始めていく。

　この資料の中心は、理沙が父親との対話を通して自律の精神を獲得する点にある。理沙は最後には自らの行動を自ら律していく。理沙は自分の弱さに流されそうになりながらも、自分を乗り越えていく。私たちはその姿に**自律としての自由**を見出す。このように教師が資料を読み込み、それについて熟

考することで、中心となる発問が見えてくる。「闇の中の炎の絵をそのまま提出していたら、理沙は自分を許せただろうか」。こうして中心となる発問を設定することで、児童・生徒に資料のどの箇所でどのように問いかけていくかという学習指導の展開も構想されていく。

（3）「考え、議論する道徳」へ向けて

実際の指導にあたっては、児童・生徒が自らの考えを**表現**し、対話を行う機会を設けることが望ましい。児童・生徒は表現を通して自分自身を改めて発見し、また対話の中で他の児童・生徒の自分とは異なる考えを知り、驚く。学習指導要領「第3章」の「第3」2 ―（4）はこの点に言及している。また道徳の教科化にともない、「**考え、議論する道徳**」への転換が促されてもいる。学校における道徳教育のこの方向への転換は、近年、その様々な取り組みが知られ始めている「**子どものための哲学**」や「哲学対話」等の学校教育における実践と軌を一にする。これらの活動は、本節の冒頭にあげたソクラテスが、古代ギリシアのアテナイ市民たちと絶えず行っていた対話に淵源する。こうした活動を参考にしつつ、教師が、そして児童・生徒が、対話の中で自分の考えを述べ、また他の児童・生徒の考えに耳を傾ける機会を設けることは望ましいことである。対話の中で発せられる言葉によって、児童・生徒は自分を改めて発見することができ、また他の人の考えと出会うことで、自分を見つめ直すことができる。

（4）評価について

道徳が教科化されたことにともない、教師は児童・生徒の道徳性について**評価**を行うことが求められることになった。しかし道徳性は数値で測ることは困難である。したがって道徳科の数値による評価は行われない。そこで記述による評価が求められることになる。評価の前提として教師に求められるのは、児童・生徒をよく見つめ、その声によく耳を傾け、共感的姿勢を崩さないことである。そして教師自身が、よく生きることを望み、いかに生きるべきかと問い、人間としての生き方を求め続けることが大切である。

3. 特別活動の指導

1) 特別活動の意義

　特別活動は、現在の学習指導要領では、「教育課程の中」の教育活動である。このことの意味は、実はきわめて大きい。戦前の各種の行事は「**課外活動**」と称され、「教育課程の外」の活動であった。戦後の学習指導要領に「**自由研究**」として出現してから「教育課程の中」に格上げされたが、それでも「教科外の活動」であり、成績評価においても評定をつけない位置づけである。にもかかわらず、教育課程にあるのは、特別活動が、児童・生徒の人間形成を行う上で大きな期待を受けてきた領域だからである。2017（平成29）年中学校学習指導要領に示された特別活動の目標から特別活動への期待が一望できる。

　　「集団や社会の形成者としての見方・考え方を働かせ、様々な集団活動に自主的、実践的に取り組み、互いのよさや可能性を発揮しながら集団や自己の生活上の課題を解決することを通して、次のとおり資質・能力を育成することを目指す。

　　(1) 多様な他者と協働する様々な集団活動の意義や活動を行う上で必要となることについて理解し、行動の仕方を身に付けるようにする。

　　(2) 集団や自己の生活、人間関係の課題を見いだし、解決するために話し合い、合意形成を図ったり、意思決定したりすることができるようにする。

　　(3) 自主的、実践的な集団活動を通して身に付けたことを生かして、集団や社会における生活及び人間関係をよりよく形成するとともに、人間としての生き方についての考えを深め、自己実現を図ろうとする態度を養う。」

　つまり、特別活動は、児童・生徒が「集団や社会の形成者としての見方・考え方を働かせ」ながら「様々な集団活動に自主的、実践的」に取り組むことで、「互いのよさや可能性を発揮」し、「集団や自己の生活上の課題を解決す

る」経験の上に資質・能力を育成するのである。ここで育成される資質・能力は、「人間としての生き方」や「自己実現」等、自立した人間形成にかかわるものであり、これが特別活動の大きな特徴となっている。

2）特別活動の歴史的変遷

「課外活動」としての特別活動的な内容は、戦前においても祝日や祭日の式や入学式・卒業式等の儀式、運動会、遠足、修学旅行、そして学芸会等が行われていた。しかし、それらは国威発揚や頑強な国民育成等の目的に資するために実施されていた向きが強いものであった。

戦後は、連合国の影響下、日本国憲法・教育基本法に基づく民主主義教育が展開されるようになる。1947（昭和22）年の学習指導要領一般編（試案）の中に、新教科としての「社会」「家庭」と並んで「自由研究」が創設されている。この自由研究は「教科の発展を自由にやる個人学習・クラブ活動・当番や委員の仕事」という、様々な性格が同居した教科であった。教科学習の発展としての自由にやる個人学習を除けば、特別活動の原形と呼べるものであった。自由研究の授業時間数については、小学校の4年生以上に年間70～140時間、中学校は年間35～140時間、新制される高校は16単位（週平均1時間を1年間を1単位とする）と、かなり多い時数として示された。しかしながら、各学校現場では、この特異な性格を持つ教科を十分に扱うことができず、もてあましている実態が各所から報告された。そこから小学校は1951年の学習指導要領改訂によって廃止。中学校・高等学校はそれに先んじて1949年の通知によって廃止されることとなった。

1951（昭和26）年学習指導要領の改訂において、小学校では「教科以外の活動」、中学校・高等学校では**特別教育活動**が設立された。小学校の「教科以外の活動」には「学校全体の児童が参加する活動」と「学級を単位としての活動」が例示され、前者の例として（1）児童会、（2）委員会活動、（3）児童集会、（4）奉仕活動を、後者は（1）学級会、（2）委員会、（3）クラブ活動をあげた。中学校・高等学校の「特別教育活動」では、ホームルーム、生徒会、クラブ活動、生徒集会を示した。小学校の教科以外の活動の時

数については各学校の必要に応じて設定できるものとし、中学校の特別教育活動は 70〜175 時間、高校は時数を明確に示していないが、ホームルーム、生徒集会、クラブ活動それぞれを週あたり 1 単位時間（50 分）ずつ、年間で 35 時間ずつとることが望ましいことを謳っている。

　1958（昭和 33）年の学習指導要領の改訂から「告示」となり、教育課程の基準としての性格が強く打ち出される。この学習指導要領は、それまでの経験主義的な傾向を見直し、各教科の系統性を重視した内容へと変更されている。また、このときに「道徳」「学校行事等」が新設され、「各教科」「特別教育活動」（小学校も「教科以外の活動」から改称）と合わせて 4 つの領域による編成となった。「学校行事等」は、それまでは教育課程に明確に位置づけられていなかった儀式・学芸会・運動会・遠足・学校給食等における指導の領域を「学校が計画し実施する教育活動」として位置づけたものである。「集会」はこの「学校行事等」に吸収された。「特別教育活動」に関しては、小学校・中学校は児童会活動・生徒会活動、学級会活動、クラブ活動。高校はホームルーム、生徒会活動、クラブ活動として、それぞれ 3 つの内容が示された。授業時数については、小学校の場合は特別教育活動および学校行事は学習指導要領に時数を定めず、各学校が適切な時数を配当することとし、学級会活動を毎週一定時間あてることが望ましい、と示した。中学校は 35 時間、高校は週あたり 1 ないし 3 単位時間をあてることとしている。また、「学校行事等」の「指導計画作成および指導上の留意事項」に、「国民の祝日などにおいて儀式などを行う場合には、児童（生徒）に対してこれらの祝日などの意義を理解させるとともに、国旗を掲揚し、君が代をせい唱させることが望ましい」という内容が含まれ、これについては、戦前の内容に「逆行」する、として批判の矢面に立たされることとなった。

　1968（昭和 43）年の改訂では、当時の日本の経済の高度成長・科学技術の進展や、国民の生活水準や文化水準の向上に対応するべく**「教育の現代化」**が叫ばれたことを強く反映したものとなっている。そんな中において「特別教育活動」と「学校行事等」の 2 つの領域を 1 つに統合して、「特別活動」となった（高校は、「各教科以外の教育活動」としている）。時数としては、小学校

は前回と同様学習指導要領に示さず、各学校が適切な時数を配当することとされ、学級活動・クラブ活動はそれぞれ週1時間あてることが望ましい、とされた。中学校は50時間を標準とし、高校の「各教科以外の教育活動」はホームルーム・クラブ活動が週1単位時間、生徒会活動・学校行事は学校の実態で行うこととなった。内容は小学校・中学校が児童活動・生徒活動、学校行事、学級指導の3つに分けられ、児童活動・生徒活動には「児童会活動・生徒会活動」「クラブ活動」「学級会活動」が含まれることとなった。高校はホームルーム、生徒会活動、クラブ活動、学校行事の4つである。

1977（昭和52）年の改訂は、生徒の知・徳・体の調和のとれた発達をどのように図っていくかということを目指した。高等学校も「各教科以外の教育活動」から「特別活動」へと名称が統一されている。前回の現代化の内容が知的なものに傾斜していたことが指摘されたことから、中学校で週あたり4単位時間の教科の授業削減がなされた。これらの時間は学校が裁量して自由に使える時間や、特別活動にあてられた。特別活動の時数は、小学校1〜3年が35時間、4〜6年が70時間。中学校も70時間。高校は前回と同様である。内容は前回のものが踏襲された。

1989（平成元）年の改訂は、1984年に中曽根首相（当時）の諮問機関として設置された「**臨時教育審議会**」（以下、臨教審）が描いた、「**21世紀に向けた教育改革**」の影響が色濃く表れている。改訂された学習指導要領の特徴として、心豊かな人間の育成、基礎・基本の重視と個性を生かす教育の充実、自己教育力の育成、文化と伝統の尊重と国際理解の推進があげられる。特別活動の特徴としては、その性質および指導の重点をより明確に位置づけ、指導はできるだけ学校の実情や児童・生徒の実態等に即して弾力的に柔軟に行うこととしている。具体的な変更点としては、小学校・中学校の児童活動・生徒活動内に位置していた「学級会活動」と「学級指導」を統合して「学級活動」と設定し、「生徒会活動」「クラブ活動」とともに独立した内容として示した。これにより特別活動の内容が高校同様に学級活動（ホームルーム活動）、生徒活動、クラブ活動、学校行事の4つになった。時数は小学校で変更がないが、中学校は35〜70時間とされた。これは、中学校においては部活動

に参加した場合はクラブ活動を履修したものとみなされることとなったことによるものであり、高校も同様とされた。

1998（平成10）年の改訂では、「21世紀の日本社会」をにらみ、「ゆとり」の中で「自ら学び自ら考える力」を基盤とする「生きる力」をいかに育成するか、ということに主眼を置いた。その中での特別活動の特徴としては、より一層特別活動の性格および指導の重点を明確にした上で、社会性の育成を新たに目指すことを付け加えている。さらに、特別活動の内容構成等を見直し、「クラブ活動」を中学校・高等学校において廃止した。これにより、中学校・高校の内容は学級活動、生徒会活動、学校行事の3つとなった。時数もすべて年35時間（小学1年生は34時間）でこれを学級活動（ホームルーム活動）にあてることとなった。児童会活動・生徒会活動、学校行事、および小学校のクラブ活動は各学校において適切な時間をあてるものとなった。

2008（平成20）年改訂の学習指導要領は、この直前に改正された教育基本法等をふまえ、「**生きる力**」という理念の共有、基礎的・基本的な知識・技能の習得と思考力・判断力・表現力等の育成等が示された。特別活動は、よりよい人間関係を築く力、社会に参画する態度や自治的能力の育成を重視し、特別活動の各内容を通して育てたい態度や能力を、特別活動の全体目標を受けた各内容の目標として示した。さらに、子どもの発達や学年の段階や課題に即した内容も示して、重点的な指導ができるようにした。なお、内容・時数等については前回のものと同様である。

3）現在の学習指導要領における特別活動

2017（平成29）年に小・中学校、2018（平成30）年に高等学校と、新しく学習指導要領が改訂された。「生きる力」を子どもたちに育むため、各教科等で育てる資質・能力を、①知識及び技能、②思考力、判断力、表現力等、③学びに向かう力、人間性等の3つの柱で整理している。さらに、このような資質・能力を育成するため「主体的・対話的で深い学び」が充実を求めている。

特別活動においては、児童・生徒自らが学校生活をとらえ、課題の発見や

解決を行い、よりよい集団や学校生活を目指して行われる活動であることや、この活動で育まれる資質・能力は、社会に出たときの生活や人間関係の中で生かされるもの、という特質を再強調している。その上で、特別活動を指導するときの重要な視点を「人間関係形成」「社会参画」「自己実現」の３つに整理し、育成を目指す資質・能力もこれらの視点をふまえて目標に明示するとともに、各活動・行事の目標もそれぞれの活動を通して育てる態度や能力を含めて今回初めて示している。時数については前回と同様である。

　また、小学校から高等学校等までの教育活動全体の中で「基礎的・汎用的能力」を育むキャリア教育が重視されることになり、学習指導要領総則の第４の１の（3）に「特別活動を要としつつ各教科等の特質に応じて、キャリア教育の充実を図る」と示されたように、特別活動がその柱として教育課程に明確に位置づけられていることにも注目すべきである。

　ここでは、中学校の特別活動の目標、および、それぞれの活動・行事の目標・内容を示すことにする。

特別活動　目標

　集団や社会の形成者としての見方・考え方を働かせ、様々な集団活動に自主的、実践的に取り組み、互いのよさや可能性を発揮しながら集団や自己の生活上の課題を解決することを通して、次のとおり資質・能力を育成することを目指す。

　（1）多様な他者と協働する様々な集団活動の意義や活動を行う上で必要となることについて理解し、行動の仕方を身に付けるようにする。

　（2）集団や自己の生活、人間関係の課題を見いだし、解決するために話し合い、合意形成を図ったり、意思決定したりすることができるようにする。

　（3）自主的、実践的な集団活動を通して身に付けたことを生かして、集団や社会における生活及び人間関係をよりよく形成するとともに、人間としての生き方についての考えを深め、自己実現を図ろうとする態度を養う。

学級活動

1　目標

　学級や学校での生活をよりよくするための課題を見いだし、解決するため

に話し合い、合意形成し、役割を分担して協力して実践したり、学級での話合いを生かして自己の課題の解決及び将来の生き方を描くために意思決定して、実践したりすることに自主的、実践的に取り組むことを通して、第1の目標に掲げる資質・能力を育成することを目指す。

2　内容

　　(1)　学級や学校における生活づくりへの参画

　　(2)　日常の生活や学習への適応と自己の成長及び健康安全

　　(3)　一人一人のキャリア形成と自己実現

生徒会活動

1　目標

　異年齢の生徒同士で協力し、学校生活の充実と向上を図るための諸問題の解決に向けて、計画を立て役割を分担し、協力して運営することに自主的、実践的に取り組むことを通して、第1の目標に掲げる資質・能力を育成することを目指す。

2　内容

　　(1)　生徒会の組織づくりと生徒会活動の計画や運営

　　(2)　学校行事への協力

　　(3)　ボランティア活動などの社会参画

学校行事

1　目標

　全校又は学年の生徒で協力し、よりよい学校生活を築くための体験的な活動を通して、集団への所属感や連帯感を深め、公共の精神を養いながら、第1の目標に掲げる資質・能力を育成することを目指す。

2　内容

　　(1)　儀式的行事

　　(2)　文化的行事

　　(3)　健康安全・体育的行事

　　(4)　旅行・集団宿泊的行事

　　(5)　勤労生産・奉仕的行事

（1） 学級活動 （高等学校はホームルーム活動）

　学級活動 （ホームルーム活動） は、児童・生徒自らが学級や学校内の生活上の諸問題を見つけ、その解決のための話し合いから合意形成をし、それを協働して実践すること （内容の （1） 学級や学校における生活づくりへの参画） や、一人一人の児童・生徒の当面する諸課題等について自己を深く見つめ、意思決定をして実践すること （内容の （2） 日常の生活や学習への適応と自己の成長及び健康安全および （3） 一人一人のキャリア形成と自己実現） に自主的、実践的に取り組んでいく、という児童・生徒主体の過程による課題解決の活動である。このような課題解決の過程で社会性を身につけたり、自分らしさに気づいたりすることが重要である。また、その集団を構成するメンバー全員の意志を共有することで文化をつくり上げていくという高い意識を育成することが必要となる。そのためにも以下の要素に配慮して指導していくことが効果的である。

　　・取り組む議題や題材が、集団や個人にとって明確で切実なものである。
　　・活動の計画・実施・評価・改善等の過程が明確で、生徒が責任をもってかかわることができるようになっている。
　　・話し合いを通して合意形成や意思決定をするときに、それらをより協働的に行うためのスキルの存在やその重要性を生徒に意識させている。
　　・活動の成果によって、生活が確実に変化したという実感が得られる。

　なお、内容の （3） 一人一人のキャリア形成と自己実現において、学ぶことと働くことを通した人間の生き方について児童・生徒が自らに引き寄せて考えることとなっている。前述したように、学習指導要領に全体において**キャリア教育**の充実が謳われているが、特別活動はその柱として機能するように、児童・生徒が自らの将来の可能性を考えるときに日々の学習と進路の選択を結びつけて目的的・主体的に取り組む態度や能力を育成することがきわめて重要である。様々な題材の設定や具体的な活動を工夫していくことで、児童・生徒がより主体的に考えるように心がけたい。そのためにも入学時から卒業までを見通した活動を導くガイダンスの機能の充実と、学校全体の計画と合わせて各学級において年間指導計画を充実させることが大切である。また、児童・生徒が活動を記録し蓄積する教材等を活用することで生徒自ら

生活を振り返り、そこから新たな課題を見出すことを促すことも重要である。

（2）　生徒会活動（小学校は児童会活動）

　この活動は、児童・生徒一人一人が学校全体にかかわる生活状況を、より豊かで充実したものへと変化を求め、集団の協働性を発揮して解決していこうとする活動である。例えば、児童会・生徒会はすべての児童・生徒が所属することで成立する。これにより活動の目標や計画を立案し、実践することで学校の生活をよりよいものとするのである。また、組織として活動をしながらも、一人一人が役割を担い、責任を果たすことで成果を上げていくことを通して、社会生活に必要な資質や能力を育成していくことになる。

　目標に示されている、「学校生活の充実と向上を図るための諸問題の解決に向けて、計画を立て役割を分担し、協力して運営することに自主的、実践的に取り組む」ことを実践するためには、学校内の生活や人間関係等の諸問題から課題を見出し、児童会・生徒会活動の中で話し合って計画を立案し、その解決に向けて自分の役割や責任を果たしていく、という活動の過程を児童・生徒自らが実践していくことが肝要である。このような活動を主体的に運営する児童・生徒を育てるためにも、各学級の学級活動での充実した実践によって意識を高めておくことが求められる。そのため、児童会・生徒会活動の全体の指導にあたる教師はもとより、教師間の連携を緊密にし、全体計画を十分に共通理解した上で、適切な指導を行うことが重要となる。

（3）　学 校 行 事

　学校行事は、全校または学年という大きな集団を単位にした活動である。そのような大きな集団でありながらも、この活動を通して、喜びや苦労を分かち合う人間関係を築こうとする態度や、学校の一員としての自覚や集団への所属感や連帯感、自分の役割を自覚し、協力しながら進んで役に立とうとする公共の精神、主体的に取り組む自主的、実践的な態度を育成していくのである。そのためにも、学校行事を児童・生徒が活動する際には、学級活動や児童会・生徒会活動と同様に問題解決的な過程を経るように工夫することが大切である。

①　儀式的行事　　児童・生徒に厳粛で新鮮な気分となる体験を通して、

学校生活に意義のある変化と折り目を与え、新たなる学校生活の展開へと導き、学校等への所属感と集団の場における規律等を育てる行事である。

　入学式・卒業式・始業式・終業式・修了式・就任式・離任式・開校記念行事・朝会等がそれにあたる。

　②　文化的行事　　学校生活をより豊かなものにするために、児童・生徒の自主性や創造性・協働性を生かして日頃の学習の成果を発表する活動と、本物の文化や芸術に触れたり、文化の継承に寄与したりする活動である。前者としては、学習発表会・文化祭・合唱祭・展覧会等が、後者として音楽鑑賞会、演劇鑑賞会、地域の伝統文化等の鑑賞会等がある。

　③　健康安全・体育的行事　　児童・生徒が健康の保持増進することの意義を理解したり、安全な行動や規律ある集団行動の技能を身につけたり、主体的に運動に親しもうとする態度を獲得したりする行事である。健康に関するものは、健康診断・薬物乱用防止指導・学校給食の意識を高める行事。安全に関しては、避難訓練や交通安全、防犯等の安全に関する行事。また、体育に関しては、体育祭や水泳大会、マラソン大会等がある。

　④　旅行・集団宿泊的行事（小学校は遠足・集団宿泊的行事）　　校外の豊かな自然や文化遺産等に親しむ機会であると同時に、外部での宿泊等集団生活を通して人間的なかかわりを深め、集団や社会の規律や公衆道徳を守る態度を育てる活動である。遠足・修学旅行・移動教室等がある。

　⑤　勤労生産・奉仕的行事　　地域社会において各種の労働に接したり、校内外の人のために貢献する活動に参加したりすることで、勤労観や職業観を形成し、社会奉仕の精神を育成する行事である。全校美化の行事・ボランティア活動・職場体験活動・上級学校への訪問等が考えられる。

（4）　クラブ活動（小学校のみ）

　小学校のクラブ活動は、主として４年生以上の異年齢児童による集団活動である。　学年・学級の枠を超えて共通の興味・関心を追求する集団活動の運営を異年齢の児童が自主的、実践的に取り組み、協力してよりよいクラブづくりを目指した活動を通して、日常生活の余暇を有効活用する態度へとつながっていく。同時に、集団で活動しながらもクラブ活動は児童の「個性の

伸長を図る」ことも目標となっている。これは、自己の興味・関心を自覚し、それを将来にわたって追求する態度を育てることであり、また、多様な他者との人間的な触れ合いの中で相互に認め合う態度を育てることでもある。これらのことを十分に意識して指導することが大切である。

クラブ活動の内容は以下の３つが示されている。

① クラブ活動の計画や運営 「計画や運営」については、教師の適切な指導のもと、児童が話し合って活動計画を作成することが大切である。児童にとっては決して容易ではないが、教師が適切な指導を行うことで、自分たちの思いや願いをもとにした計画を立案し、実行することができる。ここから、自発的・自治的な活動をより充実させていこうとする意欲を高めることへとつながっていく。

② クラブを楽しむ活動 「楽しむ活動」は、児童自らが立てた活動計画に基づき、自発的・自治的に興味・関心を追求する活動をすることである。児童が味わうのは、自らが計画したことが実現する喜びや学年や学級を超えた仲間と協力する喜び、役割や責任を果たす喜びである。これを指導するには、児童が計画した活動を実行した後に振り返り、より楽しい活動となるように話し合いながら改善を図るという一連の過程をクラブ活動の中に位置づけておくことが大切である。

③ クラブの成果の発表 児童が、共通の興味・関心を追求してきた活動の成果を、クラブのメンバーの発意・発想による計画を立て、協力して、全校の児童はもとより、地域の人々に発表する機会を計画しておきたい。発表の機会としては、運動会や学芸会などの学校行事に含めることや、校内放送や廊下への展示などの日常の生活に位置づけることもできる。また、児童会主催の「クラブ発表会」で活動の様子の映像を流したり、活動内容を実演・展示したりすることなども考えられる。

4）国旗・国歌の指導

学習指導要領における**国旗・国歌**の取り扱いについては、先述したように、1958 年改訂で記されたことが始まりである。その後、1999 年 8 月に「国旗

及び国歌に関する法律」が公布・施行されており、新学習指導要領においても、「入学式や卒業式などにおいては、その意義を踏まえ、国旗を掲揚するとともに、国歌を斉唱するよう指導するものとする」と示されている。儀式的行事等での指導において、生徒が日本人としての国民的自覚を深め、国際社会の中で尊敬や信頼を得られるように、自国・他国の国旗や国歌を公平に正しく認識・尊重できるようにすることが大切である（文部科学省 2017c、2018）。

4. 総合的な学習の時間の指導

1）総合的な学習の時間が目指す学力観を改めて確認する

すべての教育活動の前提は「子どもたちにどのような力をつけるのか」という目標の明確化と共有化である。それがあいまいだと学校教育のような意図的・計画的な教育は機能していかない。特に、**総合的な学習の時間**のように教科書がなく、地域や子ども、学校の実態に応じて教育活動の計画・実施が求められる場合はきわめて重要である。また、子どもにどのような力がついたか、子どもがどう変容したのかを明らかにするための評価においても同様である。すべての教育活動においてきわめて重要な目標と評価の明確化と共有化に大きな影響を与えるのが学力観（近年は資質・能力観と呼ぶことが多いので、以降、引用等を省き「資質・能力」と呼称する）である。2008 年改訂で文部科学省は次のような資質・能力観に立って教育改革を進めた。

まず、文部科学省はそれまでの学習指導要領で提言してきた「生きる力」や「確かな学力」の看板を下げたわけではない。**中央教育審議会**答申（2008年1月17日）の中で「改正教育基本法や学校教育法の一部改正は、『生きる力』を支える『確かな学力』、『豊かな心』、『健やかな体』の調和を重視するとともに、学力の重要な要素は、①基礎的・基本的な知識・技能の習得、②知識・技能を活用して課題を解決するために必要な思考力・判断力・表現力等、③学習意欲、であることを示した。そこで示された教育の基本理念は、現行学習指導要領が重視している『生きる力』の育成にほかならない」と明示し

ている（中央教育審議会 2008 p.21）。2008 年の学習指導要領の改訂に際しての総合的な学習の時間の削減により、上記の学力の①のみが重要視されているように受け取られがちであるが、実は、総合的な学習の時間だけでなく教科学習においても改めて②や③の学力重視が打ち出されたのである。その考え方は、2017 年の学習指導要領改訂に際して提示された「育成を目指す資質・能力」にもつながっている。

中教審答申以降、各教科等で取り入れるべき具体的な活動として、「①体験から感じ取ったことを表現する」「②事実を正確に理解し伝達する」「③概念・法則・意図などを解釈し、説明したり活用したりする」「④情報を分析・評価し、論述する」「⑤課題について、構想を立てて実践し、評価・改善する」「⑥互いの考えを伝え合い、自らの考えや集団の考えを発展させる」（中央教育審議会 2008 p.25）の 6 分類が例示されているが、これらの活動はいずれも総合的な学習の時間の中で重視し実施してきたものである。また、思考力・判断力・表現力の基盤となる**言語活動の充実**を重視している。国語科を核としつつも算数や理科、社会科などすべての教科において言語を活用した学習活動や指導方法の開発が進められている。特に、多様な年齢・立場の人と様々な形でかかわったり、友だち同士で協議をしながら計画を立てたり、問題解決を図ったり、多様な方法で表現したりする総合的な学習の時間は「生きた言語力」を身につける上できわめて重要である。なお、言語活動の充実は、今次改訂（2017 年 3 月）の「主体的・対話的で深い学び」へとつながっていったといえる。

2）総合的な学習の時間で育むべき力

2008 年**学習指導要領**改訂に影響を与えたのが「**キー・コンピテンシー**」（ライチェン・サルガニク 2006）である。この資質・能力観は **OECD 学習到達度調査**（PISA 調査）の基盤となっている。キー・コンピテンシーは以下の 3 つのカテゴリーからなっている。

（1）相互作用的に道具を用いる

「相互作用的に道具を用いる」力とは、端的にいうと、様々な問題解決を

図る際に、関連しそうな知識や技能、経験をつなげあてはめて、うまくいかなければ、別の知識や技能、経験を取り出すといった行為の繰り返しととらえることができる。PISA の「数学的リテラシー」や「科学的リテラシー」、「読解力」はこのカテゴリーに含まれる。総合的な学習の時間においては子どもに他教科との関連を意識させることが重要である。そのためには、教師自身が総合的な学習の時間と他教科との関連を具体的なレベルにおいて理解し意識して授業に臨みたい。

(2) 異質な集団で交流する

「異質な集団で交流する」力とは「他人といい関係を作る能力」「協力する能力」「争いを処理し、解決する能力」である。「社会がいろいろな点でいっそう断片化し、多様化するようになってきている時に、個人間の人間関係をうまく管理することは、個人の利益からも新しい形の協力関係を作る上でもいっそう重要になってきている」とその必要性が述べられている。総合的な学習の時間の中で、主体的・協働的に問題解決するための意識や力を共通に育みながら、取り組んだ課題・内容に関する違いを認め合い活かし合い、様々な新しい問題に立ち向かっていく資質・能力が育まれることが期待されている。また、多様な人との交流は「他人といい関係を作る」力の育成に大きくかかわるものである。総合的な学習の時間の指導計画作成において、子ども同士あるいは異年齢の子ども同士、様々な立場や年齢の大人との継続的なかかわりを意図的に仕組んでいくことが求められる。

(3) 自律的に活動する

「自律的に活動する」力とは「大きな展望の中で活動する能力」「人生計画や個人的プロジェクトを設計し実行する能力」「自らの権利、利害、限界やニーズを表明する能力」である。何のために学ぶのか、学んだことによって社会においてどのような役割を果たしていくのかを考えることを重視している。また、自らの権利や利害、限界、要望を表明することも大切なことである。いずれも現代の子どもたちが苦手としている資質・能力である。総合的な学習の時間では様々な課題解決のために計画を立て、実践しながら軌道修正していく活動が多く組まれている。子どもが目先のことの対処に終始する

ことのないように、少し長いスパンで物事を考え行動するように仕向けていきたい。

（4）　学んだことを生かし社会に貢献する

キー・コンピテンシーのカテゴリー全体を通しての重要な指摘は「人生の成功」と「正常に機能する社会への貢献」の両方に価値を置いている点である。「何のために学ぶのか」という問いの答えに「社会への貢献」が含まれるべきである。総合的な学習の時間においては、環境や福祉、健康など課題を問わず、子どもたちが学んだことを役立てるために、下級生や地域の人などに表現・発信する活動は多い。学んだことを生かした子どもなりの社会貢献である。その発達段階に応じて身につけた知識や技能をつなげて生かして、地域貢献や社会貢献を果し、そのことにより達成感や満足感を得るという経験があってこそ大人になってからも社会貢献的な活動を行うことができる。

（5）　総合的な学習の時間で育む資質・能力とキー・コンピテンシー

今次改訂では教育課程全体で「育成を目指す資質・能力」を学校として設定することを求めているが、総合的な学習の時間においてはこれまでも「資質・能力及び態度」として、その設定が求められてきた。中教審答申は総合的な学習の時間で育てたい力の視点として、「学習方法に関すること」「自分自身に関すること」「他者や社会とのかかわりに関すること」の3つを例示している（中央教育審議会 2008 p.131）。この3つの視点は、この時間の創設以来、これまで総合的な学習の時間を通して子どもたちが身につけてきた力を整理したものである。そして、この3つの視点と「キー・コンピテンシー」の3つのカテゴリーが符合するのである。わが国は「キー・コンピテンシー」を育成するカリキュラムを「総合的な学習の時間」という形で共通に導入した「先進国」である。「キー・コンピテンシー」を基盤とした PISA 調査において、近年わが国は好成績を上げている。それは総合的な学習の時間の影響と国際的にも評価されている（文部科学省 2017a）。

3）総合的な学習の時間の充実化のための具体的な手だて

（1）　学校としての目標・内容の設定

　今次改訂では、総合的な学習の時間の目標として「探究的な見方・考え方を働かせ、横断的・総合的な学習を行うことを通して、よりよく課題を解決し、自己の生き方を考えていくための資質・能力を次の通り育成することを目指す。(1) 探究的な学習の過程において、課題の解決に必要な知識及び技能を身に付け、課題に関わる概念を形成し、探究的な学習のよさを理解するようにする。(2) 実社会や実生活の中から問いを見いだし、自分で課題を立て、情報を集め、整理・分析して、まとめ・表現することができるようにする。(3) 探究的な学習に主体的・協働的に取り組むとともに、互いのよさを生かしながら、積極的に社会に参画しようとする態度を養う」が示された（文部科学省 2017b）。

　各学校はこれを参考にしつつ学校としての目標や内容を設定することが求められる。目の前の子どもたちや身近な地域にしっかりと目を向けること、児童・生徒に育てたい資質・能力を具体的な子どもの姿で明確化し共通理解を図ること、学校が育てようとした資質・能力がどの程度身についたかを適切に評価することを求めている。

（2）　全体計画や年間指導計画の作成

　総合的な学習の時間が設置の目的を果たすためには、どのような学習活動を、どのように指導するのかという**指導計画**のみならず、総合的な学習の時間を通じてどのような資質・能力を身につけさせたいのかという目標と、その実現のために必要な学習課題・学習内容を明確にすることが重要である。学校としての共通の指針となる、総合的な学習の時間の全体計画には、学校としての目標や内容、育てようとする資質・能力を示すとともに、その実行のための指導方法や指導体制などの指導の方針、学習の評価の視点や方法などを示すことになっている。そのことにより、各学校においてこの時間の趣旨やねらいなどをふまえた適切な教育活動が展開され、学校として行き届いた指導を行うことが期待される。

（3） 各教科等の学習との関連を意識させる指導

指導計画を作成する際には、各教科等との関連や学年間、学校種間等との関連に十分配慮することが重要である。総合的な学習の時間の計画作成の配慮事項として、「他教科等及び総合的な学習の時間で身に付けた資質・能力を相互に関連付け、学習や生活において生かし、それらが総合的に働くようにすること。その際、言語能力、情報活用能力など全ての学習の基盤となる資質・能力を重視すること」と明示されている。全体計画および年間指導計画を作成する際には、各教科等との関連をあらかじめ見込んで計画しておく必要がある。

例えば、子どもたちが情報を集めたり整理したりする際には、国語で学習したメモのとり方やインタビューの仕方、説明的な文章の書き方、社会科で習得した地図や資料の見方、理科で体験した観察や実験およびその結果の整理の仕方、算数・数学で学んだデータを表やグラフに表す仕方、等々が役立つ。また、環境や国際理解、食育・健康などに関する課題に取り組む場合には、各教科で学習した事項が各課題の基礎的・基本的なことを理解する上で役立つのである。

（4） 日常生活や社会とのかかわりの重視

指導計画の作成や実施に際し、地域の特性を十分に把握し、活かす必要がある。地域の実態把握に関しては、地域を対象とした実践の実績やその関連資料を紐解くだけでなく、教師自らが散策やフィールド調査等により実際に見たり聞いたりかかわったりすることが大切である。

身近な地域や日常生活の課題を取り上げた場合には、豊かな体験活動を保証するだけでなく、子どもたちは学習対象を自分とのかかわりでとらえやすい。身近な地域や日常生活にかかわる課題は自分とのつながりが強く、「他人ごと」ではない「自分ごと」としてかかわりとらえることとなる。また、様々な立場や年齢の人と継続的にかかわる機会を多く持つことができる。さらに、その課題設定や追究において学習の対象やフィールドになるだけでなく、学習成果を生かし発信する対象となる。つまり、子どもたちが追究した学習の成果を身近な地域に還元することがより可能となるのである。「自分

たちの発表を地域の人が理解してくれた」「地域の自然や伝統を守りたいという気持ちが伝わった」「自分たちが学習したことが地域の役に立った」という社会貢献的な意識を持つことにより、子どもたちは学習に対する達成感を強く感じることにもつながり、地域の多様な大人に認められることにより自信や自尊感情が形成されやすい。

　身近な地域や日常生活にかかわる課題を自分ごととしてとらえ、その追究過程において多様な人とかかわることは、総合的な学習の時間の目標の１つでもある「自己の生き方を考える」上できわめて大切なことである。取り組んだ課題が身近であることにより「自分は実生活においてどのようにかかわっていくのか」あるいは「どのような大人になることを目指して生きていくのか」という認識を引き起こすことがより可能となるからである。取り組む学習対象を自分とつなげて考えたり、多様な立場や年齢の人との継続的にかかわる活動を意図的に仕組んでいくことが求められる。

4）「探究的であること」は今次改訂のキーワード

　今次改訂においては総合的な学習の時間で取り組む課題は「**探究課題**」で

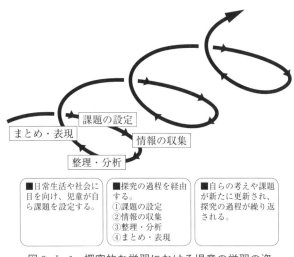

図 2-Ⅰ-1　探究的な学習における児童の学習の姿

あることが強調されている。体験的活動も含めどのような課題に取り組もうとも「探究的であるかどうか」が常に問われる。「探究」とは解決したかと思えばまた新たな課題が見出されるような、答えが１つでない課題発見・追究・解決がスパイラル的に続いていく過程を含んだ活動である。

　総合的な学習の時間の指導資料では、「探究的な学習とは、図のような問題解決的な活動が発展的に繰り返されていく一連の学習活動である」（文部科学省 2010 p.17）とし、次の4過程を明示している。

　【課題の設定】体験活動などを通して、課題を設定し課題意識を持つ

　【情報の収集】必要な情報を取り出したり収集したりする

　【整理・分析】収集した情報を、整理したり分析したりして思考する

　【まとめ・表現】気づきや発見、自分の考えなどをまとめ、判断し、表現
　　する

　この基本的なプロセスをふまえた上で、「こうした探究の過程は、およその流れのイメージであり、いつも順序よく繰り返されるわけではなく、学習活動のねらいや特性などにより順序が前後する場合がある」と述べている。

　今次改訂では「探究課題」という文言が入ったことにより、これまで一部の学校で見られたような教科や特別活動等への転用は認められない。いかなる場合でも、総合的な学習の時間が全体を通して「横断的・総合的」かつ「探究的」であるかどうかが改めて問われるのである。

5) 「探究的」な学習を実現する手だて

　総合的な学習が探究的であるためにはどのような手だてが必要とされるのか。学習過程に沿いながら具体的に考えみたい。

（1）　問題発見から課題設定へ

　子どもたちを取り巻く様々な事象に対して、彼らの多くがはじめから興味・関心を抱いているわけではない。対象とのかかわらせ方に工夫がいる。身近な社会や人、自然との多様なかかわりにおいて五感を通し様々なことに気づき、問題を見出し、問題を整理し、その関係性や重要性を推し量りながら、取り組むべき課題を決定し、具体的な計画を立てるといった一連の活動にじ

っくりと時間をかける必要がある。これまでの実践の中にこの過程を急ぎすぎたり、課題を教師が与えたりしたものが少なくなかった。それでは子どもたち自身に追究への意欲が生まれないし、本やインターネットで少し調べて終わりといった展開に陥ってしまう。

　この課題設定や計画立案に関しても判断や決定はできる限り子どもたちに委ねたいが、実現不可能な課題を設定している場合や大きな問題を引き起こすことが予想される場合、安全面において問題がある場合にはそのことを示唆する必要がある。「子ども主体」と「放任」をはき違えてはならない。今次改訂で示された総合的な学習の時間の目標に照らし合わせて、探究的に取り組むに値するものかをじっくりと見定める必要がある。

　(2)　課題追究と形成的な評価・改善

　おおむね課題が決定し、具体的な計画が立てられたら、学習は次の段階へと進む。実験や観察、インタビューやアンケート、文献やインターネットによる検索などの多様な方法を駆使して課題の追究・解決を進める。そして、取り組んでいる内容や方法、進行状況について見直しを行い、次の見通しを立てる。

　この段階が最も「探究的」である。事前に立てた課題やその解決のための方法が追究していく過程で常に見直される。様々な難題にぶつかりつつも子ども同士で話し合い協力し、必要に応じて地域の大人や専門家の力を借りながら追究活動を展開する。教師はできる限り子どもたちの力で解決できるように支援していくことが求められる。彼らが追究する上で必要となる情報の在り処（ありか）や解決の糸口を適宜示すことが大切である。

　その際、子どもたちの活動に追従・追随していては適切な支援はできない。活動の様子を常に把握し、つまずきや方向性を事前に想定できることが必要である。単元構想の際には、主となる学習対象からどのような疑問や問題が生まれるか、どのような展開が予想されるかを、教師自身がまさに「探究的・協同的に」事前研究しておくことが求められる。

　(3)　学習成果の表現・発信

　子どもたちは実に熱心かつ詳細に追究する。それ自体は歓迎すべきことで

ある。成果の共有化のために発表会が組まれることが多いが、発表すること
に精一杯で他の発表を聞かなかったり、他のグループの成果に対して内容に
絡んだ質問や協議ができない場合は少なくない。伝える側についても「伝え
たいという思いが感じられない」「何が大事なのか見えない」「自分の言葉で
伝えていない」といった感想はよく聞かれる。

　これは、発表することが目的化する場合に起こりやすい。お互いの発表が
総合的な学習の時間における学習成果を第三者に発信していくための情報交
流や整理のための手段となることにより、他のグループの取り組みをしっか
りと聞き、自分たちの成果とつなげて協議するのである。

　発信の手段は多様である。直接に伝えることができる相手にはポスターセ
ッションやプレゼンテーションが有効である。思いや熱意を込めて直接に伝
えたい場合には劇やミュージカルが考えられる。相手が幼い場合には人形劇
やペープサートが適切である。直接に伝えることができない場合や広く発信
したい場合にはパンフレットや新聞、チラシ、看板、ポスターなど様々な手
段がある。広く多くの人に発信する場合にはホームページやデジタル新聞な
どが考えられる。

　伝える相手や内容によって適切な手段を選ぶことが重要である。学習成果
の表現・発信の段階においても「探究的な」活動が展開されるのである。

（4）　学習の振り返りと自信

　学習活動全体を多様な側面から振り返り、課題や取り組み方、発信・表現
の方法等について評価するとともに、取り組んだ課題について自分の考えが
どう変容してきたのか、その課題について今後どのようにかかわり取り組ん
でいくのかを考える過程は総合的な学習の時間において最も重要である。

　子ども一人一人あるいは全員で学習全体を振り返って、「取り組んだ対象
に対する自分たちの見方や考え方がどう変わったのか」「活動する前と今と
で自分や自分たちにどんな力がついたのか」「意識が変わったり、力がつい
たのはなぜか」などを考えることは大切である。一人一人が「自分たちの成
長とその要因」を明確化することによって真に学んだことになる。最終的に
は、これら一連の学習を通して、自分自身について新たなよさを発見すると

ともに、自信を育む。そのことが身近な社会や人、自然に対する興味・関心、かかわろうとする意欲へとつながるのである。

　人生は問題解決の連続である。解決したかと思えばさらに困難な問題に遭遇することも少なくない。総合的な学習の時間を通して、自分の行いや自分自身を見つめ問い続ける行為そのものがこれからの長い人生において探究し続ける人材を育てていくのである。

　新型コロナウイルス感染症の影響で、新学習指導要領に基づく教育活動に取り組もうとしていた矢先の2020年2月27日に緊急の休業宣言が発令された。社会全体が感染症対策重視か社会経済重視かの狭間の中で最適解を見出そうとしている一方で、学校教育も感染症対策と学習保障の両立を目指して模索している。コロナ禍に関連しては、医療崩壊、反グローバル化、人権問題、観光産業への打撃、社会経済の衰退など様々な現代的諸課題と絡み合っており、改めて「先行き不透明な次代を生き抜くとともに新たなものの創出のために必要とされる『資質・能力』の育成」の重要性が明確となった。

　総合的な学習／探究の時間の探究課題として新型コロナウイルス関連のことを取り上げるのは有効である。①豊富な情報が日々流されている、②「自分ごと」としてとらえやすい、③医療や経済、観光など多様な課題と関連している、④自己の生き方や進路選択にかかわる、からである。小中高の発達段階に応じて多様な取り組みが可能である。実際、複数の高等学校において「コロナと私」といったタイトルのレポートを休業期間中の探究的な学習課題として取り組ませている。

　また、修学旅行や運動会などの「3密」が懸念される教育活動を中止あるいは延期する学校が多い一方で、総合的な学習の時間の中で子どもたちと感染対策を行いながらの活動を計画・実施している学校も少なくない。子どもたちは教員や大人を納得させるために真剣に取り組む。結果として、新型コロナウイルス感染症およびその対策について深く学ぶことになる。今次改訂で育成を目指す資質・能力は具体的かつ切実な問題解決場面で発揮させないことには身につかない。

総合的な学習の時間は取り組み次第で、子どもたちの豊かな可能性を広げるだけでなく、教科学力の向上にもつながることが数多く報告されている。この時間を子どもたち一人一人にとって価値ある時間としていきたい。

◆引用・参考文献

上村崇　2008　「第2章　モラルの育成を阻む無力感」『教育と倫理』ナカニシヤ出版、pp.19-33

小笠原道雄・田代尚弘・堺正之編　2012　『教育的思考の作法4　道徳教育の可能性―徳は教えられるか―』福村出版

越智貢編著　2005　『岩波応用倫理学講義　教育』岩波書店

越智貢・秋山博正・谷田増幸・衛藤吉則・上野哲・後藤雄太・上村崇　2008　『教育と倫理』ナカニシヤ出版

後藤雄太　2008　「第3章　人間関係と倫理」『教育と倫理』ナカニシヤ出版、pp.36-46

中央教育審議会　2008　「幼稚園、小学校、中学校、高等学校及び特別支援学校の学習指導要領等の改善について」（答申）

ドミニク・S・ライチェン、ローラ・H・サルガニク編著、立田慶裕監訳　2006　『キー・コンピテンシー―国際標準の学力をめざして―』明石書店

西岡加名恵　2005　「ウィギンズとマクタイによる『逆向き設計』論の意義と課題」『カリキュラム研究』第14号

沼田裕之・増渕幸男・伊勢孝之編著　2009　『道徳教育21の問い』福村出版

プラトン著、田中美知太郎訳　1968　『ソークラテースの弁明・クリトーン・パイドーン』新潮文庫

文部科学省　2008a　『小学校学習指導要領一般編解説』ぎょうせい

文部科学省　2008b　『中学校学習指導要領解説　道徳編』日本文教出版

文部科学省　2010　『今、求められる力を高める総合的な学習の時間の展開』（総合的な学習の時間指導資料、小学校編および中学校編）

文部科学省　2012　『中学校道徳　読み物資料集』

文部科学省　2017a　『小学校学習指導要領（平成29年告示）解説　総合的な学習の時間編』pp.5-6

文部科学省　2017b　『小学校学習指導要領』『中学校学習指導要領』

文部科学省　2017c　『小学校・中学校学習指導要領解説　特別活動編』

文部科学省　2018　『高等学校学習指導要領解説　特別活動編』

文部省教育法令研究会　1947　『教育基本法の解説』国立書院

文部省教職研究会編　1990　『教育課程ハンドブック』教育開発研究所

松下佳代編著　2010　『〈新しい能力〉は教育を変えるか―学力・リテラシー・コンピテンシー―』ミネルヴァ書房

村川雅弘編著　2020　『withコロナ時代の新しい学校づくり―危機から学びを生

　み出す現場の知恵—』ぎょうせい

村川雅弘・野口徹編　2008　『教科と総合の関連で真の学力を育む』ぎょうせい

村川雅弘・酒井達哉編著　2006　『総合的な学習　充実化戦略のすべて』日本文
　教出版

村川雅弘・藤井千春・野口徹・酒井達哉・原田三朗・石堂裕編　2018　『総合的
　な学習の時間の指導法』日本文教出版

横山利弘　2009　『中学校教育課程講座　道徳』ぎょうせい

Ⅱ章

学習指導と学習評価

1. 学習指導の進め方

1）教えるということの意味
（1）「教授」と「授業」と「学習指導」

　教師の学習指導とは、教科書等の学習内容をいかに児童・生徒に、効率よく短い時間で理解させ、技能として身につけさせ、教えるべき教育内容を教師の持てる教育技術を駆使していかに「わかり・覚えさせ・できるようにさせる」教師の指導技術や力量のように理解されがちである。

　しかし、教師は1時間、1時間の授業ではそれぞれの授業においてねらいとそれを達成するため十分に準備（教材研究）し、児童・生徒にわからせようと真剣に臨んでいる。したがって、「授業は真剣勝負である」といわれる。道徳・生活指導などは「生徒指導」と呼び、他方人類の森羅万象に関する文化的・学問的内容は「教科指導」と呼んできたが、近年は「授業」に加えて「**学習指導**」という呼び方が主流になってきた。

　「教科指導」と同類語に「**教授**」という用語があり、教師が児童・生徒に知識を教えるという意味であるが、近年は教師が教え指導し、児童・生徒が主体的に学ぶという意味で「学習指導」という言葉が一般的に用いられる。

　また、「教授」と同様の同義語として「**授業**」という用語がある。「授業」という用語は、明治10年代以降の文部省の法令上の用語として使用された経緯もあり、「授業」という語は明治時代以来、文字通り「知識・技能などの業を授ける」意味の言葉として戦前から学校現場に定着した。しかし、戦後は戦前の画一的教育で没個性的教育への反省から、「授業」という言葉は

学校現場で使用が避けられてきたが、昭和30年代、斉藤喜博（群馬県島小学校長）ら各地の現場教師が授業を反省し研究する言葉として「授業研究」という言葉が復権し、「研究授業」「教授─学習過程」など、「学習指導」同様に用いられるようになったが、この章では「学習指導」とし概観したい。

(2)「学習指導」が目指す「修得・活用・探究」の能力

　教師が児童・生徒に学習指導する内訳をカテゴリーしてみると、国語などの言語的分野、数学・理科などの理数的分野、地理・歴史などの社会的分野、体育などの身体的分野等に関する知識・理解・技能・意欲を高めることなどに分類される。学習指導の分野は異なっても、教師は学習指導の中で児童・生徒に事実や現象を概念や法則として整理・記憶させ、理解に高めさせる。また、逆に、概念や法則などの知識から問題解決を図らせ、技能だけでなく、各分野に関する能力を向上させる。今回の学習指導要領で強調されている基礎的・基本的な知識を「修得」させ、きまりや法則を「活用」して問題解決を図らせ、さらに自ら新たな問題を「追求」「探究」する意欲を育てていく**「修得・活用・探究」**という学習方法が強調されているのも、この学習指導で目指す能力を育成するという脈絡で理解すればよいのではないだろうか。

2) 学習指導と前提となる教育課程（カリキュラム）の編成

　1時間の授業は、数時間程度の1小単元から構成され、小単元が数個集まって10時間～20時間程度の1単元を構成する。したがって、1年間の1教科・科目は10単元～20単元程度で年間指導計画が編成される。そこで、1教科について、1年間のその教科・科目の目的・目標、内容、授業方法、総時間数をセットに年間指導計画として構成することを教育課程（カリキュラム）を編成するという。つまり、各1時間の学習指導はこの教育課程（カリキュラム）に基づいて実施されているのである。この「教育課程」という用語は教育委員会等教育行政では使用されるが、一般に学校現場では訳語の「カリキュラム」という用語の方が親しみを持って使用されている。ここでは、学習指導の前提となる教育課程（カリキュラム）について若干の説明をしておきたい。

　学校は意図的な教育を計画（Plan：プラン）、実施（Do：ドゥー）、評価

（Check：チェック）、改善（Action：アクション）する **PDCA サイクル**でカリキュラムを運営し、目的を実現する場であり、教師が学習指導する一連の内容を手順化している。学習指導する教育課程の内容の手順化は、まずどのような教育目標を（教育目標・目的）、次にどのような学習内容（教育内容）を、どのような指導で（教育方法）、どのような学年や時期・時間数で教えるのかという原則である。したがって、このように学習活動の前提となる教育課程（カリキュラム）は、計画したカリキュラムである「**意図したカリキュラム**」、教師が学習指導した「**実施したカリキュラム**」、実際に児童・生徒が修得した「**達成されたカリキュラム**」に分類され、活用されている（TIMSS 等国際的な数学・理科の国際学力調査を実施する世界的団体である **IEA** が定義）。

　したがって、実際の学習指導で教師は、学習指導要領や教科書を「意図したカリキュラム」の材料とし、授業では教科書や副読本などの内容を「実施したカリキュラム」の材料とし、「達成されたカリキュラム」としては、授業で児童・生徒が理解し、技能化し、興味・関心を深め修得したその能力、態度・姿勢の見取りを「達成されたカリキュラム」として活用している。しかし、実際の学習指導が意図したカリキュラム通りに達成されないことはしばしば起こることであり、計画と成果のズレをいかに分析、改善するかについては、次節「学習評価の考え方」のところで説明したい。

　最後に、教育課程編成の流れの中で一般に「教育課程」と呼ばれる前段部分と、それを受け具体的な学習指導に進む後段の「カリキュラム」と呼ばれる部分について整理をしておくと、前半の【教育課程段階】は「教育目標」の決定→「各教科・科目の目標」の決定→「教育内容」の選択→「組織原理」の組み立て→「教材」の研究→「授業時間数」の決定→「学習指導活動案」の設計などがある。

　後段の【カリキュラム段階】は「授業目標」の決定→「指導内容」の教材解釈・研究→「教材」の選択・決定→「指導方法の決定」→「評価観点」の設定→「授業過程」の展開案→「評価の実施」→「授業改善」という段階をふんで、学習指導が実施されることになる。

3) 学習指導を進める教師の役割

　学習指導を実施するには、教師に①授業の設計、②授業の実施、③評価、④授業の改善など４つの役割が求められる。以下各役割について述べたい。

（1）　授業の設計者としての教師

　授業は教師の教授活動と児童・生徒の学習活動の共同作業で成立するものである。しかし、授業で教えるべき内容は、学習指導要領に基づき教科書に指導内容として掲載されているが、その内容を１時間かけてどのように教え理解させるか、展開をいかにアレンジ、創意・工夫するかは、教師の作成したシナリオによるものであり、授業のシナリオをつくり、**設計者（デザイナー）としての教師**の役割、力量に任される。１時間の「いい授業」は、教師が教室へ行って思いつきで指導できるものではない。力量ある教師ほど、１時間の授業を成功させるため、その何倍もの時間をかけて授業の構想、進め方、展開方法等をシナリオとして書き表していく。そのため、授業で教える単元の教材一つ一つについて時間をかけて、教える教材の解釈を深め、これまで持っていた既習の教材についての概念を揺さぶる発問を考え、どんな問題を出せば子どもたちは考えるか、どんなワークシートを準備して作業をさせれば技能や学力の定着が図れるかなど、教える授業に関する教材についての研究をする。この授業の準備のことを「**教材解釈**」「**教材研究**」「**教材開発**」などと呼ぶ。教師は、１時間の授業をどう指導するかの展開を実際の授業の設計図として「**学習指導案**」を作成し、授業に臨む。つまり、授業の進め方をあらかじめシナリオとして自分で作成するオリジナルライターであり、授業のデザイナーなのである。

（2）　授業の実施者としての教師

　次に、教師は自ら作成した授業の学習指導案に基づいて授業を実施、展開する。つまり、**授業を展開する主役（アクター）**である。しかし、あらかじめ作成した学習指導案に沿って授業が進む場合もあるが、多くの場合、児童・生徒の反応に予想外の展開があり、教師はその状況に沿って学習指導案から離れ、教師の力量に応じて臨機応変な授業展開をする。授業経験が豊富になると、当初考えていた学習指導案Ａだけでなく、もしもの場合を考えて学

習指導案Ｂも準備する、Ａ案がだめならＢ案で指導可能なように複線型の学習指導案を準備しておくことができるようになる。

　学習指導では一般的に一人の教師が学級の子どもたち全員を対象に指導する一斉指導の形態をとる場合が多い。その理由は、同一授業時間内に１つの学習内容を、学級全員に同じ達成目標に向かって、効率よく共通に学習させることができ、授業の中で自分の考え方と違う多様な考え方や意見を交流でき、友だちの考え方を自分の学習活動のヒントや参考にすることができ、学習活動も一人学習だけでなく、小集団や班学習などグループ学習で協力活動、仲間意識を形成できるからである。しかし、**一斉指導**のデメリットとしては、学習する児童・生徒一人一人の学習理解や技能の個人差が大きく、全員が共通に理解・習得できず、個別に学習補充する時間も十分とれない点がある。また、一斉指導は授業の主役である教師の発問、説明、指示、まとめなど教師中心の指導になり、児童・生徒の意見や活動が十分生かせないため、受け身の授業になりやすい。そのため、教師は授業中に机間指導をし、そのつど評価（**形成的評価**）をして個別指導したり、また放課後に復習や宿題として、またつまずいた点を補修学習させるなどして、つまずきの回復学習指導をし、基礎学力の定着に努力する。

（3）　授業の評価者としての役割

　さらに、授業が終了する際、教師は今日の授業であらかじめ設定した指導目標にすべての児童・生徒が達成したかどうかを見取らなければ、授業でねらいとした成果の確かめができない。指導目標に到達した子、十分到達できなかった子、学習内容の理解や技能でつまずいている子など学びの確かめとして評価をする**評価者**（**エバリエイター**）としての役割がある。学びの確かめとしての学習評価については次の節で概説したい。

（4）　授業を分析・研究する研究者としての役割

　最後に、自分が主役として実施した授業をVTRで撮影し見返してみたり、学年や教科の同僚や先輩による授業反省会で検討してもらったりし、自らの授業のよかった点、発問、作業のさせ方、集団学習の方法、板書の方法など授業の各場面の学習指導のあり方を反省し、さらによい授業にするための反

省や改善を研究する役割、**研究者**（リサーチャー）としての役割がある。自分の授業を反省し、授業の振り返り活動をし、授業改善する教師ほど、さらに授業の技術や指導力が高まり力量ある教師に成長していくことができるのである。

4）学習指導を成立させる授業の構成要素

（1）授業の構成要素

さて、教師が授業という建物を組み立てる際、授業という建物の主要な柱や骨組みなど授業を建築物として構成する重要な要素がある。これが授業を構成させる 10 の**授業構成要素**と呼ばれるものである。

① 施設・設備（スペースを含む）

② 児童・生徒の実態（既有知識や関心・態度等）

　コラム

「授業とは〇〇だ」学生が持つ授業イメージ

　学生が持つ授業のイメージを、「授業とは〇〇だ」、それは「〇〇だからだ」と回答してもらう。ある学生は「授業とは一斉送信メールだ。それは返事が返ってくる人と返ってこない人がいるからだ」。またある学生は「授業とはコンサートのようなものだ」。なぜなら、「興味ある人は耳を傾け、興味ない人は耳を傾けないからだ」。一方の教師は教え、他方の児童・生徒は受け身で授業を聞くというイメージが小学校から高等学校まで長年の一斉指導の授業の結果できあがっていることがわかる。しかし、若い教師は、「授業はキャッチボールのようなものだ。それは生徒に知識を与え、教師はその反応・理解度を知って、コミュニケーションしていかなければならないからだ」と変化する。学級崩壊を起こした中堅教師は「授業とは落語のようなものだ」。「はじめの枕で生徒を掴み、後はいつもの話で授業するから」というマンネリ化したイメージをつくり上げ、児童・生徒の反応に応じた柔軟な指導に欠けていたのであろう。あるベテランの教師は、「授業とは家を建てるようなものだ」。なぜなら「大工さんは設計図があっても、材木（素材）や子どもと相談しながら共同作業で家を建てていくからである」と、一方通行でない柔らかい授業観を持っている。学生諸君も教育実習後や、学校に勤めてから自己の授業イメージの変化を再度やってみてはいかがか。このイメージ化は秋田喜代美（東京大学教授）の例を参考にして追試してみたものである。

---

③　学習形態（個別・小集団・一斉学習等）

④　授業の目標（達成目標等）

⑤　評価方法と時期（単元終了後に小テスト等）

⑥　授業者の特性（教育観・指導力量等）

⑦　教材の特質（学習素材・教材を含む）

⑧　学習指導法（発見学習・問題解決学習等）

⑨　学習活動の内容

⑩　学習時間（授業時間の区切り方等）

　まず、①**施設・設備**（スペース）、これは授業を実施する場合、教室、理科室等どのような施設・設備、スペースを活用するのが効果的か選択しておかなければならないということである。

　②**児童・生徒の実態**は、新しい単元の学習を始めるにあたって既習の学習事項を理解できているか、つまずいたままの児童・生徒はいないか、子どもたちは興味・関心を示すだろうかこれまでの既習の学習に関する知識や技能や関心などの実態を事前に把握をしておかなければならない。

　③**学習形態**は、授業を進めるにあたって、教師が一斉指導で授業を進めるのが効果的か、それともグループ別学習など小集団学習で学習活動をさせる方が意欲的で効果的な学習が可能になるのかを見通しておくことである。

　④**授業の目標**は、授業で児童・生徒に理解させたい知識、習熟させたい技能など目指す達成目標を明確に設定できているか、特に観点別評価（知識などの認知的能力、関心・意欲・態度などの情意的能力、体験活動などの体験的能力、技能的能力等）に到達させたい目標をバランスよく明確に設定できているかどうかである。⑤**評価方法**、学習成果の見取りをする場合、この教材を教えてあらかじめ目指した学力が達成されたかの見取りをする場合、観点別評価の視点から照らして、知識、理解、技能、思考・判断・表現力等の学力がどのようについたかを、授業観察、小テスト、実技としてのパフォーマンスとして表現させるのか、レポート、ペーパーテストで評価するのか等あらかじめ評価計画を立てておかなければならない。

　⑥**授業者の特性**は、**ティーム・ティーチング**を編成し指導する場合、若手

と若手組より若手が全体指導、じっくり指導できるベテラン教師が個別指導を担当、英語の場合は日本人の教師とネイティブの教師で編成するなど授業者の特徴を生かしよさが生きる指導体制をつくるなどの工夫が求められる。

⑦**教材の特質**は、教科書で指導するのか、新聞記事（NIE）を活用するのか、VTRなど視聴覚教材を活用し興味関心を高める方法で理解を深めるのかなど多様な教材・教具を選択し活用することが求められる。

⑧**学習指導法**では、理科室で実験をさせ自分たちで法則まで発見させるのか、総合的な学習の時間の学習のように身の回りから問題を発見させ問題解決的に学習活動をさせるのかなど、あらかじめ準備しておかなければならない。

⑨**学習活動**の内容は、教科書の問題をノートに解いていくのか、山や川や扇状地など現地へフィールドワークや見学に連れていき、体験を通した学習をさせるのかなどである。

⑩**学習時間**は、教科の特徴に応じて毎日設定するのか、連続した時間を集中して設定するのか、また英語などの場合学習時間を1時間目25分、7時間目にも小刻み（25分）にモジュール的に積み上げるなど弾力的な授業時間編成にするなど、教科特性を生かす授業時間編成を実施することも重要なことである。以上のように、教師は毎日授業をするにあたって、授業構成要素の組み合わせを様々に活用して、授業を組み立て一個の建物に構成し授業構想して、学習展開していく。

（2）　単元指導計画案に基づいた学習指導案づくりを

1時間の学習活動を指導するため教師はあらかじめ授業の設計案を作成する。それが学習指導案である。実際は、各1時間の学習活動が数時間程度をひとまとまりとして、1小単元を構成し、数個の小単元が集まって10時間〜20時間程度の1単元を構成する。したがって、教師はあらかじめ1単元全体の指導を概観し見渡す「単元指導計画案」を作成するとともに、それに基づいて各1時間の学習指導案を作成しなければならない。しかし、実際の授業では1時間だけの学習指導を考えた「**本時主義**」の学習指導案が多い。十数時間の各授業時間の指導のねらいを全体として見通した「**単元主義**」による余

裕と見通しを持った学習指導案づくりへの転換が求められる。そのことが各時間の学習指導のポイントを明確にすることになるからである。

　学校で実習授業をする実習生にとって、学習指導案を作成するには、学習指導案の形式としての公式的な様式はないが、学習指導案の枠や備える欄として、児童・生徒の「学習活動」欄、教師の「指導活動」欄、実験等指導中注意しなければならない目配りや指導に配慮を必要とする児童・生徒への「留意すべき点」欄、学習の途中経過での褒め言葉などそのつど評価（形成的評価）や成果の見取りをする「評価」欄、そして授業展開をどのような時間配分で進めるかの「時間」欄などは必置すべきである。しかし、学習指導案にこれでなければならないという様式、形式があるわけではないので、授業者が使いやすいこととともに、他の教師が学習指導案を見て授業の目標や展開や流れが理解でき、授業を参観する人がいる場合、授業の流れが理解できる様式にしておくことは必要なことである。学習指導案は人に見せるために作成するものではないが、ベテラン教師ほど上記の観点を配慮した欄を設定し、授業のイメージができる形式と内容に気配りして作成している。自分が授業をする際のポイントが理解できている、つまり授業のポイントが掴めているということである。授業経験の乏しい教師は、基本的な様式・形式をふまえながらも、自分の教育観や授業の考えを生かし、個性的な指導案を作成し、授業をするトレーニングをすることである。学習指導案づくりを通して教師は授業の力量を高めていくのである。

　学習指導とは1時間の授業をあらかじめ教師が研究しイメージした展開を、「学習指導案」という授業の設計案に基づいて、子どもたちが主体的に学び、学習目標に到達させるよう教師が教え導いていく、教師と学習者との共同の営みである。

2. 学習評価の考え方

1）学習評価のねらい

（1）学習評価と教育評価

　学習評価とは、教師が学習指導で目指した指導目標がどれだけ児童・生徒に修得され達成されたか、学びの成果と結果を見取る教師の教育活動である。教師の評価活動には、各学習時間の評価以外にも定期テストによる成績評価、学期末の通知表による評価、年度末に1年間の学習結果を文部科学省の学校教育法施行規則等の法令に基づく**学習指導要録**という表簿に成績を総合的に評価する評価（**総括的評価**）、高等学校等上級学校へ進学する際提出する**調査書**（内申書）にとりまとめる評価（**評定**）、年間の科目など各教科全体の教育課程（カリキュラム）の評価、学校の教科学習以外も含めた教育活動全般を評価する学校評価など、評価活動にはその目的と対象に応じていろいろな評価活動が求められる。これらを一括して教育活動に関する評価であるから、「**教育評価**」と呼んでいる。本節では教育評価の中でも、主として授業や学習指導に関する評価部分について説明するので、「**学習評価**」としておく。つまり、前述の教師の4つの役割デザイナー、アクター、エバリエイター、リサーチャーのうちの評価者（エバリエイター）の役割について説明することになる。

（2）学習評価の意義

　学習評価は指導する教師にとっては、①新しい授業を始めるにあたって、あらかじめ学習者の実態を知り理解し、授業を円滑に始める手がかりを得る役割、②教育目標の実現状況がどの程度修得できているかを確認し、十分な実現がなければ評価結果に基づいて、新たな手立てを考え、次の指導に生かす準備をするための役割などがある。他方、学ぶ学習者にとっては、①教師が行うテストに合わせた形で新たな学習の着実な学習の積み重ねが可能になるという学習のペースメーカーになるという役割、②教師など外側からテストをされ、成績評価されることによって、自分自身の学習の達成状況に気づく自己認識のきっかけの役目を果たしてくれる役割、③教師など外側からの

客観的な評価に接していくことにより、自分に期待されている価値の方向性や目標・内容に気づく役割がある。この教師のアドバイスを受け入れることによって、独り善がりの**自己評価**（自己満足）でなく、目指すべき学習の目標・内容・程度などを正確に認識し、学習への姿勢を新たにする機会にすることができる。

評価活動では、「信頼性」「客観性」「妥当性」が求められる。学習成果の判断は、いつ、誰がやっても同じ結果がでる公平なものでなければならないという意味での「信頼性」、成長・発達の諸側面を正しく測定・評価しているという意味での「妥当性」などである。教育評価にとって、大切な点は、ただ客観的に数字や記号で学習者を冷たく評価するだけでなく、学習者自身のよさを見取り、「あなたも頑張ればできるよ」と励まし、学習者自身の自己学習能力や意欲を高める「**評価の教育性**」を高めるのが、真の学習評価でなければならない。

（3） カリキュラムの目標と指導と評価の一体化

ところで、学習結果はあくまでも当初の学習目標が明確に確立していなければ、評価の基準がぐらついたものになり、評価活動の「信頼性」「客観性」「妥当性」を保つことができない。そのために、学習評価の前提になる教育目標をあらかじめ明確に設定することの必要性を 1930 年代の早くから提案したのが、アメリカの**タイラー**（Tyler, R.）であり、その達成すべき評価目標を「**教育目標の分類学**」として 1960 年代に整理発展させたのがタイラーの弟子の**ブルーム**（Bloom, B.）である。

タイラーが教育課程の目標と評価について提案した**タイラーの原理**については「（3）タイラーの原理」（46 ページ）に詳しいが、ここでは評価を「指導と評価の一体化」と考える立場から再度簡単に触れておく。タイラーは評価の前提としてまず、①児童・生徒の実態、教科内容の成果をふまえて「〜することができる」「〜を理解する」「〜について興味・関心を持つ」等「**指導目標**」を具体的に**行動目標**として設定する。②指導目標を達成するために必要な教育的体験を明らかにする。③教育的体験や経験を教師の一連の学習指導の過程の流れとして位置づける。④教師が目指した指導目標が児童・生徒

に達成されたかを評価するという流れを考えた。このタイラーにより、目標があいまいに設定されていた指導目標と**評価目標**の関係を、指導をする前提には、指導目標を明確に行動目標として設定しておくこと、評価はあらかじめ設定した教育目標に照らし合わせて教育評価をするという目標と指導と評価の一体化が重要であると考えられるようになった。加えて、教育目標も「〜を理解することができる」など知的な目標を**「認知的能力」**とし、「〜することができるようになる」など熟達を目指す目標は**「運動技能的能力」**とし、「〜について興味・関心を持つことができる」等興味・関心・意欲などは**「情意的能力」**として、教育目標を高度な精神的活動に応じ区分し、目標設定を行った。

　（4）　評価目標を導くブルームの「教育目標の分類学」

　ブルームは、教師があらかじめ習得すべき教育目標「認知的能力」「運動技能的能力」「情意的能力」を、さらに認知・技能・情意的領域のそれぞれの領域で能力が階層的に段階的に身につき高度化するかを**「教育目標の分類学」**（タキソノミー）というモデルとして構造化して示した。「認知的能力」の目標は、「知識」→「理解」→「応用」→「分析」→「総合」→「評価」へ発展する能力で、基礎知識として修得し、自分でいえるように理解を深め、公式を活用して応用問題が解け、比較・分析から違いと共通性を発見し、このようにまとめることが可能になる、そして、結局この学習にはこんな意義や価値があるといえると、段階的に発展し学習能力がどこまで高度化し、教師が各到達段階に達成できたかを見通せることができるのであると述べている。「情意的能力」についても、「受容」→「反応」→「価値づけ」→「組織化」→「個性化」と、興味・関心・態度が養われ自ら意欲的に学習に向かって向上していく各段階を把握することができるとしている。タイラーは教育目標と教育評価をセットのものであると提案し、ブルームは、それをさらに授業過程における学習目標と評価として「教育目標の分類学」を応用し、学習目標に到達できない児童・生徒に対しては授業途中のその都度評価である形成的評価という手立てを講じて、すべての子どもたちが学習目標に到達できる学習システムである**「完全習得学習」**（マスターリーニング）を開発し、

1960 年代以降のアメリカおよび日本の児童・生徒の落ちこぼれ教育対策の学習方法として導入され、基礎学力の定着に大きな役割を果たした。

2）相対評価と絶対評価

（1）相対評価の考え方

学習目標の成果を正確に評価するには学習評価の考え方が客観的でしっかりしていなければならない。学習評価の方法をめぐっては、**相対評価**による考え方と**絶対評価**による考え方がある。戦後は**アメリカ教育使節団**の指導もあり、アメリカで主流であった相対評価（集団に準拠した評価）の考え方が客観的で科学的であるとして導入された。相対評価は、集団内での相対的な位置に基づき、基準をテスト結果の測定値の分散状況（正規分布曲線）に応じて後から相対的に「A・B・C」や「1・2・3・4・5」のように3段階や5段階評価に機械的に配分し評価するので、「集団に準拠した評価」「結果を基準にした評価」といえる。相対評価の長所としては、①集団の結果と比較するので教師の主観によってぶれず、客観的な評価が可能になることである。②平均（代表値）をもとに散布度を単位にして評価尺度を設定すること、各段階の子どもの比率を定めることができるので、各評定段階の意味が明確になる。③複数教科の異なる評価方法で比較が難しい場合でも、**偏差値**にして合計点や平均を出して評価段階していけば、異教科の重みを等しくした比較が可能になる。④単元程度の短いスパーンの評価には適さないが、学期末・学年末等長期間の学習成果を確認し、評定化するには適した評価方法である。

（2）絶対評価の考え方

相対評価では、集団全体の質が高得点の場合には、少しの差で1段下の評価に振り分けられるなど、学習の努力や成果が正当に評価されないという不満が学校現場や保護者などから批判が出された。そこで、相対評価に代わる評価方法として1980（昭和55）年、法令に基づく生徒指導要録という年間の成績を総括的評価として記入し、一定年間学校に保存する公簿の評価方法がこれまでの相対評価から絶対評価（目標に準拠した評価）の考え方に一部改訂されていくことになった。その意味で昭和55年指導要録は現在の絶対評価

元年ともいえる意義を持つものであった。

　1980（昭和55）年指導要録では、絶対評価は「知識・理解」、「技能」「考え方」「関心・態度」という観点別の評価方法として導入された。しかし、教科全体を総括する評価は相対評価による「評定」として残り、結果として「絶対評価を加味した相対評価」という併用論が採用された。しかし、1989（平成元）年度以降から実施された指導要録からは目標に準拠した評価である**観点別評価**が実施され、さらに2002（平成14）年度からは目標に準拠した評価（絶対評価）を全面的に取り入れ、学習評価は「集団の位置」から「目標への到達度」を評価尺度とすることになった。目標に準拠した評価（絶対評価）は、児童・生徒に到達してほしい学習目標をあらかじめ評価目標とし、学習の到達状況を具体的に指標として二次元のマトリックスに「評価規準表」として表しておき、指導目標の裏返しである評価目標として設定し、児童・生徒にも保護者にも納得してもらえる信頼性を高める評価方法である。絶対評価の評価法は、一人一人について指導目標に照らして行う評価であり、学習に関する**フィードバック情報**、次にどのような学習をすべきかという**フィードフォワード情報**を提供してくれる利点がある。学習改善に役立つ教育の評価方法である。

（3）　観点別評価と評定

　目標に準拠した評価では、学習の到達状況を複数の観点から分析的に見取ることになる。観点の設定方法は、①指導要録に採用されているように**認知的領域**として「知識・理解」「思考力・判断力・表現力」、**技能的領域**として「技能」、情意的領域として「関心・意欲・態度」等どの教科にも共通する能力観点から実現状況を見取る方法に分かれている。そして、教科の観点別評価を教科として1つに総括化し、教科の力として集約したものを「**評定**」と呼んでいる。「評定」では小学校の場合は「1・2・3」の3段階評定を、中学校・高等学校の場合は「1・2・3・4・5」の5段階〜10段階評定を採用している。また、観点別評価の場合は、「学習指導要領に示す目標の達成状況を観点ごとに評価する」として、「実現の状況」によって、「十分満足できる」はA、「おおむね満足できる」はB、「努力を要する」はCの3段階評価を

行う。

　2017年に学習指導要領の改訂に伴って評価も変更されることになった。2019年1月中央教育審議会教育課程部会は小中に加えて高校にも観点別評価を導入し、小中高の一貫した教育を目指すことを決定した。観点別評価の評価観点はこれまでの4観点から、「知識・技能」「思考・判断・表現」「主体的に学習に散り組む態度」の3観点に整理した。また、従来の「関心・意欲・態度」は「主体的に学習に取り組む態度」という観点として統合された。

　なお、評価観点としての「主体的に学習に取り組む態度」は学習状況を観点別評価として分析できるが、資質・能力の「学びに向かう力・人間性」は観点別評価にはなじまないので、個人内評価として見取ることとされた。

3）学習指導前、学習中、学習後の評価の役割

　学習指導はいったん始まると連続的に展開されるが、学習指導する教師には同時に一定の時間のまとまりごとに、成果を見取り、評価していくことが求められる。これが「診断的評価」「形成的評価」「総括的評価」という見方、考え方である。「**診断的評価**」とは、新しい学習を始めるにあたってその学習に必要な既習の学力がどれだけ備わっているか等の実態を把握するための「はじまりのための評価」である。これに対して「総括的評価」は、学習の最終場面での学習の成果や結果を「まとめの評価」として総括化したものが「**総括的評価**」（評定）である。しかし、「総括的評価」は「後の祭り」の評価であり、後悔しないためには、教授・学習指導の中間的場面で成果の実態を把握し、その結果を指導計画や学習指導方法の修正に生かし、不十分な部分は補充学習させ、教師にも子どもにも次の学習への準備を促すための評価、「その都度評価」としての評価が「**形成的評価**」である。教師は、発問に対する子どもの反応や発言や表情ノート等を通して子どもの理解の実態を把握し、その成果に応じて臨機応変に認め、褒め・励まし、アドバイス等の指導支援をし、一層学習活動を促進させる役割を果たしている。成果を早く子どもに返す「その場評価」「その都度評価」をして、次の学習活動への意欲づけとねらいの明確化を図る形成的評価こそが学習活動にとって最も大切な評

価活動であるといえる。

4) 到達目標と向上目標とその評価方法

（1） 到達目標・向上目標・体験目標

　学校の教育活動において実現を目指す目標は２つに大別される。１つは教育基本法のように理想としての「**期待目標**」である。もう１つは、どの子も現実にここまでは到達してほしいという授業における学習成果に関する「**到達目標**」である。日常の学習活動ではこれらの直接的成果を求める「到達目標」型の教育目標を追求することになる。具体的に教育成果を評価するには、「達成目標」「向上目標」「体験目標」という３タイプの評価目標に区分することになる。まず、「**達成目標**」は授業中に「〜することができるようになる」等特定の具体的な知識や能力を身につけることが求められるような目標である。次に、２つ目のタイプの「**向上目標**」は、指導をある程度積み上げていくことによって、その方向へ向上や深まりが期待される目標である。思考力・表現力や鑑賞力、指導性や社会性、集中力、持続性、創意工夫や自己洞察力など総合的で高次の目標が対象になる。この場合は、自分自身の比較で「以前の自分に比べて向上した」という個人内での評価方法に頼ることになる。３つ目の「**体験目標**」は、学習者自身に何らかの変容を直接ねらうものではなく、学習者の知的・精神的な成長のためには、触れ合い・交流体験、発見のように心に楔のように突き刺さり、いつまでも忘れられない新鮮な感覚を伴う特定の体験それ自体を目標とするような目標である。教師は日常の学習指導では授業を進める際、教える学習内容とは別に心の中で、指導目標の実現をこのように短期的、中期的、長期的な観点に立って「達成目標」「向上目標」「体験目標」の育成を図ろうとしているのである。

（2） 評 価 方 法

　このような学習活動が順調に行われたとしても、適切に学びの成果を見取る評価活動が行われなければならない。評価方法としては、授業中の観察法、ペーパーテストによる評価方法、実技やパフォーマンスによる評価方法、プレゼンテーション等の発表の評価方法、作文・レポート等による評価方法、

教師のみる
―「見る」「観る」「診る」「看る」―

　教師にとって教育評価することは子どもを見ることがすべてである。

　見るという漢字でも、どのような漢字があるだろうか。

　「見る」「視る」「観る」「診る」「察る」「看る」「監る」「督る」「閲る」「覧る」「瞰る」などがある。

　「見る」は see で、「観る」は watch にあたる。朝、教師が教室で子どもたち全体の顔をみて挨拶をするときは、「見る」が適当。教師が VTR など視聴覚教材を通して子どもたちに TV で教材をみせるときなどは「視せる」であろう。次に、子どもたちが実験・観察・観測などをしているそれぞれの子どもたちの学習の様子をみるときは、あらかじめみる評価の視点を観点別に定めてみているので「観る」が適当。また、子どもたちが学習を理解しているか、どこでつまずいているかをみるときは、その後補充指導（学習の診断・治療）が必要だと考えているので「診る」が最適である。さらに、生活指導面などその後に個別指導などが伴う場合は、ケアーをするという意味で「看る」があてはまる。子どもが作成した美術作品などをみる場合は「覧る」、感想文などをみる場合は「閲る」、学級経営上、クラスの規律の状態をみる場合は監督者として「監る」であろう。教師がクラス全体の日頃の雰囲気を眺める場合は、「瞰る」にあたる。教師は、このように一方では学習・生徒指導などの指導活動をしながら、同時に常に子どもたちの学習状態をいろいろな観点から「みて」実態把握に努め、評価活動をしているのである。

面接法による評価方法など多様な評価方法がある。教師はあらかじめ教科の性質、学習内容に応じて適宜タイムリーに多様な評価方法を活用して、見取ることを予定して実施することが大切である。

　知識・理解、思考力・判断力・表現力などの認知的能力はペーパーテスト等で評価できるが、「関心・意欲・態度の情意的能力の評価は難しい」といわれる。しかし、大切な点は教師が授業で児童・生徒が関心・意欲・態度を高めるよう意図的な学習指導に心がけたかという点であり、この点に配慮して、授業を導入し、展開することによって、関心・意欲・態度面の力が養われ、評価が可能になるともいえる。

　総合的な学習の時間が導入されるようになってからは、その時間の成果を

どのように評価するかという課題から、**ポートフォリオ評価法**も活用されるようになった。このポートフォリオ評価法では、子どもの学習活動過程で作成した学習計画書、メモ、インタビュー記録、写真、VTR、レポートなど多様で具体的な学習物とチェックリスト等学習の振り返りカード（自己評価カード）をファイルする。そのため、ポートフォリオ評価ではあらかじめ、学習内容の質を価値判断ができるように学習活動を査定する**ルーブリック（指標）**が求められる。ルーブリック（指標）づくりでは、探究活動、観察活動、発表活動などの場面がある。例えば、発表場面の「発表の仕方」のB指標では「メモを棒読みせず、みんなの顔を見ながら筋道に従って話せた」、A指標では「写真やグラフを使い、ジェスチャーを交えて説得力豊かに話せる」等活動の様子から成果をABCの3段階程度に設定しておくことも大切な評価作業である。

　また、児童・生徒に自己学習能力を育てるために、教師による評価方法だけではなく、学習活動をした学習者自身が、自分の学習活動を振り返り、学習の進め方、学習への態度などについて考え直し、今後の学習のあり方や姿勢について形成的に学習者の学びの姿勢を育て、内発的な学習の動機づけにも働く活動として重視されるようになってきた。

　最後に「**アカウンタビリティー**」について補足しておきたい。近年、教師の学習指導結果について保護者側から教師の学習評価結果に関して成績の開示や説明や訂正を求める「情報を知る権利」が当然の時代に変化してきた。テストの成績、通知表の評価、生徒指導要録の記載内容、全国学力テストの市内一斉開示請求などである。今後、教師には自らの学習指導に基づく学習評価結果についての「説明責任」という「アカウンタビリティー」の考え方を理解し、保護者だけでなく児童・生徒にも十分に説明し、納得を得ることが重要になってきたといえる。つまるところ、学習評価は、児童・生徒に「生きる力」を育てる土台となる「確かな学力」を身につけるには避けて通れない活動であり、教師にとって、きめ細かい学習指導を行い、基礎基本の学力を身につけさせる指導に際して必要で重要な活動であるといえるであろう。

◆引用・参考文献

浅田匡・生田孝至・藤岡完治編著　1998　『成長する教師』金子書房

梶田叡一　2010　『教育評価』有斐閣

田中耕治・水原克敏・三石初雄・西岡加名恵編著　2009　『新しい時代の教育課程』有斐閣

中央教育審議会教育課程部会　児童生徒の学習評価に関するワーキンググループ　2018　『児童生徒の学習評価の在り方について（これまでの議論の整理)』

古川治　2011　『中学校生徒指導要録解説』文溪堂

吉崎静夫　1997　『デザイナーとしての教師アクターとしての教師』金子書房

主体的・対話的で深い学び（アクティブ・ラーニング）

　「アクティブ・ラーニング」は文部科学省用語集（2012）において「教員による一方向的な講義形式の教育とは異なり、学修者の能動的な学修への参加を取り入れた教授・学習法の総称」と定義されている。学修者が「アクティブ・ラーニング」により学修することによって、学修者の「認知的、倫理的、社会的能力、教養、知識、経験」といった種々の汎用的能力の育成が期待される。

　もともと「アクティブ・ラーニング」は主として高等教育において使用される用語であった。例えば2012年8月のいわゆる「質的転換答申」において、中央教育審議会は、従来の大学教育によく見られる、教員による一方向的な知識伝達型の教育から、学修者自身が能動的に学ぶことのできる教育への転換の必要性という文脈で「アクティブ・ラーニング」について言及している。

　「教員と学生が意思疎通を図りつつ、一緒になって切磋琢磨し、相互に刺激を与えながら知的に成長する場を創り、学生が主体的に問題を発見し解を見いだしていく能動的学修（アクティブ・ラーニング）への転換が必要である」（出所：中央教育審議会「新たな未来を築くための大学教育の質的転換に向けて〜生涯学び続け、主体的に考える力を育成する大学へ〜（答申）」2012年8月28日）。

　この「質的転換答申」の2年後の2014年12月、「新しい時代にふさわしい高大接続の実現に向けた高等学校教育、大学教育、大学入学者選抜の一体的改革について（答申）」で高校における「アクティブ・ラーニング」が言及され、さらに3年後の2017年告示の学習指導要領において、文言は「主体的・対話的で深い学び」と変更されたものの、義務教育段階にまで「アクティブ・ラーニング」の裾野は広がることとなった。

　小学校学習指導要領解説総則編「第3節　教育課程の実施と学習評価」では「主体的・対話的で深い学びの実現に向けた授業改善」について言及している。そこでは、学修者に求められる資質・能力の育成のため、学修者本人も含めた学修環境や指導内容等を基盤に「主体的な学び」「対話的な学び」「深い学び」の3つの視点から授業改善を図ることの重要性が論じられている。

　このように大学、高校、小中学校とその裾野を広げてきた「アクティブ・ラーニング」であるが、近年はその学習法や教授形態だけでなく、学修の深さや学修の質にも着目されている。

　※質的転換答申においては、「学びの持つ主体性」を強調するため「学修」を使用している。初等・中等教育においては「学習」を使用することが多いが、本項目ではアクティブ・ラーニングの本旨に従い、「学修」を使用している。

Ⅲ章

生きる力を育てる生徒指導

---

1. 子ども理解と指導のあり方

1) 生徒指導とは

（1） 生徒指導の目的

生徒指導とは人間形成の場である学校教育の場で、学習指導とともに児童・生徒の心を育てる教育活動を指す。しかし、一般的には生徒指導というと、児童・生徒の問題行動への対応という面に目が向けられがちである。もちろん問題行動を解決することは生徒指導の大きな側面であることに間違いはないが、問題が起こらないように児童・生徒の心を育てる指導が本来の生徒指導のありようである。

しかしながら今日の社会において、児童・生徒を取り巻く環境は複雑であり、いじめ問題、不登校、非行、暴力、薬物などの違法行為など多岐にわたっている。このような中で必要とされる生徒指導とは、教師の経験と実践の積み重ねとともに論理的な裏づけを持った生徒指導でなければならない。

「生徒指導資料第1集（改訂版）」によると、以下のように記されている。

「生徒指導は一人一人の児童生徒の**個性の伸長**を図りながら、同時に社会的な資質や能力・態度を育成し、さらに将来において社会的に**自己実現**ができるような資質・態度を形成していくための指導・援助である」（国立教育政策研究所生徒指導研究センター 2009 p.2）と。

さらに 2017（平成 29）年告示の「中学校学習指導要領解説総則編」生徒指導の充実（第1章第4の1の（2））によると、生徒指導は「生徒が、自己の存在感を実感しながら、よりよい人間関係を形成し、有意義で充実した学校生

活を送る中で、現在及び将来における自己実現を図っていくことができるよう、生徒理解を深め、学習指導と関連付けながら、生徒指導の充実を図ること」（文部科学省 2017 p.97）が求められている。さらに、「生徒指導は、学校の教育目標を達成するために重要な機能の一つであり、一人一人の生徒の人格を尊重し、個性の伸長を図りながら、社会的資質や行動力を高めるように指導、援助するものである。すなわち、生徒指導は、全ての生徒のそれぞれの人格のよりよき発達を目指すとともに、学校生活が全ての生徒にとって有意義で興味深く、充実したものになるようにすることを目指すものであり、単なる生徒の問題行動への対応という消極的な面だけにとどまるものではない。（改行）学校教育において、生徒指導は学習指導と並んで重要な意義をもつものであり、また、両者は相互に深く関わっている。各学校においては、生徒指導が、一人一人の生徒の健全な成長を促し、生徒自ら現在及び将来における自己実現を図っていくための自己指導能力の育成を目指すという生徒指導の積極的な意義を踏まえ、学校の教育活動全体を通じ、学習指導と関連付けながら、その一層の充実を図っていくことが必要である」と記されている（文部科学省 2017 pp.97-98）。

　以上のことから、生徒指導は問題行動への対応という消極的な指導だけではなく、生徒の自己実現に向けての積極的指導という両面を持ち、自己指導能力の育成を目指すものである。

（2）　生徒指導の特質と留意点

　生徒指導の特質と生徒指導に際して留意すべき点は3点ある。

　まず、第1の点は、先に述べたように生徒指導の対象は問題行動や非行のあるなしにかかわらず、すべての児童・生徒を対象としたものであるということである。よって、生徒指導は学校教育のあらゆる場面、機会を通じて行われ、あらゆる児童・生徒に対して有機的に統合された働きかけでなければならない。

　第2の点は、それぞれに異なる生活環境や適性、興味・関心などを持った個々の児童・生徒を受容的に理解し、それぞれの人間性を尊重した人間形成の指導でなければならない。そのためには教師は心も体も現在目の前に存在

する児童・生徒としっかりと向き合って、彼らの指導にあたらねばならない。

　最後の第3の点は、生徒指導は児童・生徒の行動や生活に即して展開する具体的かつ現実的な指導でなければならない。児童・生徒が将来の社会の中でよりよい自己実現を図るために、現在の生活において自己実現を図ることが求められ、よりよい社会生活が営めるような資質や態度を形成することが求められる。それゆえに生徒指導は、児童・生徒の能力・適正などの個性や生活実態に即して、具体的に指導されねばならない。

（3）　自己指導能力

　生徒指導で求められる児童・生徒の**自己指導能力**とはどのようなことを指すのであろうか。自己指導能力とは、そのとき、その場で、どのような行動が適切であるか、自分で判断し、決定して実行する能力である。この自己指導能力について篠田は6点の能力を指摘している（篠田 1999 pp.64-74）。

　それは、①情報を選択する能力、②問題を解決する能力、③意志により決定する能力、④感情を統制する能力、⑤人間関係をつくる能力、⑥思考能力である。

　①情報を選択する能力とは、情報収集とともにそこから本当に必要な情報を取り出す能力を指す。また、②問題を解決する能力とは、様々に直面する問題に対して、諦めずに問題の解決に向けその方法を駆使して解決に向かう能力である。③意志により決定する能力とは、自己の意志により多くの情報の中から取捨選択していく能力である。さらに④感情を統制する能力とは、どのような困難な状況であっても、諦めずにその問題に正面から取り組もうとする冷静な感情を保持する能力である。⑤人間関係をつくる能力は、他者との関係を意識的に積極的につくろうとする能力である。⑥思考能力とは問題解決に向けて自己を見つめ深く思考する能力である。

（4）　自己指導能力の育成

　自己指導能力を育成するには、あらゆる教育活動の場で生徒指導の機能を生かすことが必要である。生徒指導の機能とは、

①　「自己決定」

②　「自己存在感」

③ 「共感的な態度」

である。それらが機能するために教師は、児童・生徒に対して常に「**自己決定の場を与える**」「**自己存在感を与える**」「**共感的人間関係を育成する**」ことが必要である。

　具体的には、集団活動の場や機会を多く設定する。多様な人間関係を経験させる。体験活動を多く取り入れる。自発的活動や自治的な活動の機会を増やす。生き方指導や進路指導に関する学習機会を設ける。集団生活への適応や人間関係の確立、進路などの主体的選択などの**ガイダンス機能**を充実させるなどである。

　これらを通して、児童・生徒に自己指導能力の育成を図っていかねばならない。

2) 子どもをどのように理解するか―生徒指導における人間観形成に向けて―

（1）　子どもをどのように理解するか

　生徒指導において教師に必要な子ども理解とはどのようなことであろうか。教師は一人一人の児童・生徒の言葉に耳を傾け、その気持ちを敏感に感じ取り理解することである。次に子どもたちの発達上の課題、児童期の心理や青年期の心理などを理解することも重要である。さらには、子どもとの間に信頼関係を築くことも重要である。

　しかしながら、生徒指導が十分に機能するか否かには、このような子ども理解の背後にある教師自らの人間観がいかなるものであるかによっている。たとえ理論に基づいた指導を行っていたとしても、その指導のベースにある教師の人間観によっては児童・生徒の心に響く生徒指導にはならない。では、教師はどのようにして人間観を形成していけばよいだろうか。

（2）　人間形成に向けて―見えないものを見る３つの視点―

　人間形成に向けて、教師は見えないものを見る視点を持たねばならない。見えないものを見る視点とはどのようなものであろうか。

　第１の視点は、目を凝らさなければ見えないものを見る「**微細なる視点**」である。次に第２の視点は、いまだ見えない未来に開かれたものを見る「**展**

望する視点」であり、第3の視点は、個々の事象など一切を超越したものを見る「**大いなる視点**」である。以下にそれぞれを説明していく。

（3）　微細なる視点

目を凝らさないと見えないもの、見過ごしてしまいそうなものを細やかに見る視点がこの微細なる視点である。目の前にいる児童・生徒の発言や行動、態度を現象面だけでとらえるのではなく、その背後にあって今見えていないものにも目を向け、児童・生徒を丸ごと理解する細やかな視点を指す。そのためには児童・生徒が置かれている、社会や家庭の状況や変化に対して十分な理解が必要である。

現代社会は都市化の進行とともに、地域住民の連帯感や地域活動に対する関心は薄れ、子どもが**仲間集団**を形成する機会が少なくなり、地縁的な地域社会の教育力の低下が見られるようになった。また、雇用労働が一般的になり、家庭の生活様式や意識に大きな差が生じてきた。産業構造・就業構造の変化は、豊かさを生む一方で生活の基盤を揺るがし、生活そのものの困窮を生むことにもつながっている。さらに少子化や単身世帯と核家族世帯、夫婦のみの世帯の増加など、家族構成が大きく変わり、家庭教育に対する親の自覚の不足、過保護や放任など家庭における教育力の低下も指摘されている。

これらの社会や家庭の状況の中で生活する子どもが、そのような状況の中で醸し出した現実として、その子どもの現象に向き合えるか否か。表面に表れている行動や態度にのみ着目するのではなく細やかに子どもを見る目を持たねばならない。

（4）　展望する視点

展望する視点とは、一人の人間の生涯という観点から、今と過去、未来を展望する視点である。現在の児童・生徒の**発達課題**にのみ目を奪われるのではなく、今の発達課題を、過去、未来の発達課題との連続性の中で、人間の誕生から死までを含んだ生涯という視点で展望する視点を意味する。

従来児童期や青年期の発達や心理の特徴を理解し、それぞれに対応するということは教師の重要な児童・生徒理解であった。例えば、青年期は自我発達上の危機、心理発達上の転換期であり、自立への要求から親のこれまで通

りの対応や干渉に対して反抗や批判が生じる。また、自立への要求と、まだ現実には自分だけに頼りきれないという不安や苛立ちから、時に過度に情緒的な反応を示すことも珍しくない。幼児的な万能感が現れたり、自我収縮の状態に陥ったりと自己に対する評価が極端から極端へと揺れることも多く、非常に不安定な時期である。このような青年期の心理特性をよく理解することで親や教師に対する反抗や批判という行動を表面的に惑わされることなく、行動の背後にある青年期の発達や心理として理解した上で生徒指導することが求められてきた。

しかし、これらの青年期の発達や心理特性は生涯という観点の中でどのように前の乳幼児期や児童期の発達と関連を持ち、次の成人期、あるいは老年期とどのようにつながっていくのか。生涯という連続性の中で、青年期の発達や心理を位置づけ理解し、意味を見出していく視点が重要である。

目の前にいるこの子どもの今は、どのような過去とのつながりのゆえにこのような今があるのか、そしてこの子の今をどのように未来へとつなげていけばいいのか、子どもたちとのかかわりが子どもたちの未来の自己実現につながるかかわり方になっているのかどうか、教師自らが見極め振り返る視点が必要である。

さらに、教師は今、児童期、青年期にある子どもをどのように導き、発達課題を乗り越えさせることが彼らの生涯の充実につながるのかという視点を持つこと、すなわち、児童・生徒の今ある姿から生涯へと展望する視点が必要である。

（5）　大いなる視点

大いなる視点とは、個々の事象など一切を超越したものを見る視点を指す。

子どもを外的な個々の現象から見るのではなく、それらを超えて大いなる見方で子どもたちを見る視点であり、その視点を持つことで内側から彼らと向き合い、応答することで、その人間性において子どもを「絶対的に承認する」ことができるような視点である。このことこそ教師と子どもの間に成り立つ**「教育的関係」**である。これらは**ノール**（Nohl, H.）によって示されているように、子どもがどのような人間であろうとも、教育者はその子どもを人

子ども理解に向けて

　時には絵本や童話の世界からかつての子どもの心を思い出し、大人の常識にとらわれたものの見方から解放されるのはどうだろうか。ここで紹介する『ろくべえまってろよ』[注]は灰谷健次郎の作品で、絵本と童話の両方が出版されている。

　ストーリーは犬のろくべえが深い穴に落ち、それに気づいた5人の子どもがろくべえを助けるためにいろいろな知恵を出し合い努力するというものだ。ろくべえを励まそうと歌を歌ったり、シャボン玉を吹いたり、名案として、ろくべえの大好きな彼女クッキーを駕籠で下して、2匹仲良くその駕籠で引き揚げようとするというものだ。

　子どもたちの自由な発想に驚かされるとともに、そこに描かれた大人たちの反応に、われわれはハッと気づかされるものがある。大人の助けを借りようとすると、常識的な意見と説教だけで何もしてくれなかったり、人間じゃなくてよかったと冷たい言葉のみで通り過ぎてしまわれたり……。このような大人の常識や利己心は日常でわれわれが無意識にしていることと重なる。子どもたちに寄り添う心の柔らかさを、絵本や童話に描かれた世界で思い起こすのも必要ではないだろうか。

　注）灰谷健次郎『ろくべえまってろよ』文研出版、1975年、または角川書店、1998年

間として「絶対的に」肯定し、承認するということである。この場合、絶対的というのは無条件ということであって、こうした無条件的な承認は、とりもなおさず、教育者の子どもに対する信頼と結びつく。そして、この教育者の信頼に対して、子どもの側から同様の信頼でもって応答されるときに初めて、本来の「教育関係」の前提が形づくられることになる。「生徒が教育者によってその人格の深みで絶対的に肯定されているという、このような教育的な根本態度、および、教育者に対する生徒の無条件的信頼が、両者の間の独特の関係の前提である」のだ（宮野 1990 p.76）。

　このようにノールは教育関係の前提として「**信頼**」ということをあげていた。ノールと同じく**ボルノー**（Bollnow, O. F.）も、教育的雰囲気を構成している諸現象のうち、信頼を規定的なものとしてみなしている。

　また、子どもに寄せる教育者の信頼も、子どもの実り豊かな発達には不可欠である。信頼が相互的である限り、子どもの信頼に教育者の信頼が当然対

応しなければならない。子どもの教育者への不信同様、教育者の子どもへの不信も、子どもの発達を歪めることは多くの経験が示すところであろう。

しかし、教育者への子どもの信頼がいつか崩壊するように、子どもへの教育者の信頼も、子どもの度重なる失敗や期待の裏切りのため、常に動揺の可能性を宿している。この動揺が現実化した場合、教育者にとっても「信頼の再建」が問題となるのであって、信頼があらゆる教育的援助の基盤であることを知る教育者は絶えず新たな信頼へと奮起する必要がある。ボルノーはこのような教育者の信頼の究極の支柱をかの「存在信頼」に求め、「あらゆる個々の失望を超えて確固として存する」かかる存在信頼に、「あらゆる教育者たることの究極的な絶対必要な前提」が横たわっていると指摘している（宮野 1990 p.81）。

個々の子どもの発言や態度、行動にかかわり指導する一方で、他方、それら一つ一つの問題すべてを超越した大いなる視点で、子どもを「絶対的に」肯定し、無条件で承認する信頼を持つことが、教師と子どもとの教育関係の基本には必要である。そして、その信頼はたびたび裏切られ信頼の揺らぎが見えたとしても、教師は一つ一つの裏切りの事象を乗り越え大いなる視点でそのたびごとに、児童・生徒への信頼を自己の中に再構築することが求められるのである。このような個々の事象をも超越した大いなる視点で、子どもを見なければならない。

以上のような微細なる視点、展望する視点、大いなる視点を持って、児童・生徒を見ることで、児童・生徒を未来に向けて潜在的な可能性を持った主体的な存在、絶対的な存在として見る人間観が形成され、そのような人間観に裏づけられた生徒指導はすべての児童・生徒の人格のよりよい発達、自己実現を促し、生徒指導の本来の目的を達成する。教師からかけがえのない存在として尊重された児童・生徒は自己をそのようなものとして尊重し、さらに他者をも尊重し適切に生きていく力を獲得することになるであろう。

2. 生徒指導の組織といじめ等生徒指導上の諸問題

1) 学校における生徒指導体制

　生徒指導は、学校の教育活動において**学習指導**（**教科指導**）と車の両輪をなす機能である。それでは、生徒指導は学校の教育活動の中で具体的にはどのように行われるのだろうか。

（1）「生徒指導体制」を考える

　具体的な生徒指導の組織について述べる前に、学校組織を構成する**教職員の意識**について考えたい。生徒指導の主体は個々の教員であるが、生徒指導は個人的な仕事ではない。学校全体としての目標と方針を設定し、そのもとで、学年として、あるいは分掌として目標・方針を整え、組織的に行っていくものである。したがって、教員個々の生徒指導が学校全体の目標・方針に沿ったものであるかの確認と点検は職員会議のみならずあらゆる機会で行い、教員間の共通認識を深めていく必要がある。学校としての生徒指導の体制がどうあるべきかということも、個々の教員が常に考えていなければならない。

（2）『生徒指導提要』に見る生徒指導体制の基本的な考え方

　文部科学省が学校教員の生徒指導の手引きとしてまとめた『**生徒指導提要**』（2010年11月）は、「基本的な考え方」として、①生徒指導の方針・基準の明確化・具体化、②すべての教職員による共通理解・共通実践と教職員間の十分な話し合いを求めている。さらに、生徒指導の組織・運営の基本原理として、①全教職員の一致協力と役割分担、②学校としての指導方針の明確化、③すべての児童生徒の健全な成長の促進、④問題行動の発生時の迅速かつ毅然とした対応、⑤生徒指導体制の不断の見直しと適切な評価・改善、の5点をあげている。この記述から、これまでの学校における生徒指導体制のどこに問題があったかが自ずから明らかになるであろう。

（3）生徒指導の位置づけ

　『生徒指導提要』（文部科学省編）は、図2-Ⅲ-1で生徒指導の学校教育活動における位置づけを説明している。学校には、教務・総務、生徒指導、進路

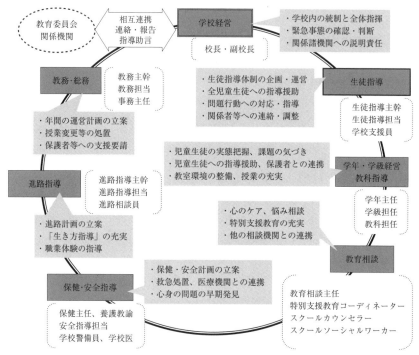

図 2-Ⅲ-1　生徒指導の学校教育活動における位置づけ

出所）文部科学省　2010　『生徒指導提要』p.85。

指導、保健・安全指導などといった校務分掌があるが、あくまでそれぞれの仕事の中心でありリーダーシップをとる存在であって、具体的な仕事は「チーム学校」として教職員全員が行う。したがって、教職員全員がすべての仕事の内容と目標・方針を熟知していなければならない。

（4）　生徒指導主事と生徒指導組織（部、委員会、係）

生徒指導主事については、学校教育法施行規則第70条第3項で「生徒指導主事は、指導教諭又は教諭をもつて、これに充てる」とされ、その業務内容については第4項で「生徒指導主事は、校長の監督を受け、生徒指導に関する事項をつかさどり、当該事項について連絡調整及び指導、助言に当たる」と規定されている。生徒指導業務のかなめであり、そのための資質・能力を備えていることが求められる重要な存在である。各学年を代表する教員とと

もに生徒指導組織を構成し、学校としての生徒指導を主導していくことになる。

2）いじめ等生徒指導上の諸問題

（1）反社会的行動

①　法律上の反社会的行為と学校における反社会的行動　　法や規範に基づく社会の秩序からはずれた問題行動を**反社会的行動**と呼ぶ。児童・生徒の反社会的行動は、法律の上では**少年非行**と**不良行為**に分類される。少年非行は、重いものから順に犯罪行為（14歳以上20歳未満の少年による刑罰法令に触れる行為。当該少年を「犯罪少年」と呼ぶ）、触法行為（14歳未満の少年による刑罰法令に触れる行為。当該少年を「触法少年」と呼ぶ）、虞犯（現在は該当しないが、将来刑罰法令に触れる虞がある状態。当該少年を「虞犯少年」と呼ぶ）の３つに分類される。不良行為は少年非行には該当しないものの、飲酒・喫煙などで警察官に補導される行為を指す。具体的には傷害、窃盗、飲酒、喫煙、薬物乱用、暴力、暴走行為、深夜徘徊、不純異性交遊、家出といった形になる。

　また、学校においては、教師への暴力・暴言・反抗的態度、生徒間暴力、器物損壊、怠学、授業妨害、校則違反といった形で見られる。

②　反社会的行動の未然防止のために　　児童・生徒の反社会的行動の未然防止のためには、何よりもまず就学前の段階から家庭において**規範意識**の育成のための指導を始めておく必要があろう。「いじめ」の項で詳述するが、子どもの教育については保護者が第一義的責任を有するのであって、規範意識についてもその育成の端緒は家庭に始まるのである。就学以後については学校と教員が家庭と密接な連絡をとり、協力しながら児童・生徒の規範意識を育んでいかねばならない。その上に立って初めて、学校および学級の規範の明確化、規範に基づく学校・学級経営といった具体的な手立てが意味を持つ。

③　適切な手続きによる懲戒　　『生徒指導提要』は「学校における**懲戒**とは、児童生徒の教育上必要があると認められるとき」また「学校の秩序の維持のために」「児童生徒を叱責したり、処罰したりすること」とし、児童・

生徒を叱責する、起立や居残りを命じる、宿題や清掃を課する、訓告を行うなどの「**事実行為としての懲戒**」と、退学・停学という「**法的効果を伴う懲戒**」とに分類している。児童・生徒の反社会的行動があった場合、所定の手続きに基づいた懲戒が行われることは当然であるが、行動の基準とともに、基準から逸脱した行為を行った場合に受ける措置をも明確にした学校内の規則を、児童・生徒、保護者と共有しておけば、手続き上問題はなく、かつ懲戒の教育的効果が上がるはずである。

（2）　非社会的行動

①　学校における非社会的行動　　いわゆる「人間関係」をはじめとする社会的な場面へのかかわりが消極的であったり、そこから逃避したりといった行動を**非社会的行動**と呼ぶ。学校においては、授業中の内気な、あるいは引っ込み思案な態度、孤立、対人関係回避、緘黙、不登校（後述）といった形で現れる。

②　非社会的行動増大の要因　　ここ数十年間、学校における非社会的行動がとみに増加してきたのはなぜだろうか。その要因としては、情緒的に不安定なパーソナリティの増大、家庭における社会的なかかわりへの動機づけの減少、それに起因する**ソーシャルスキル**（または社会的技能。円滑な社会生活を送るのに必要な技能を指す）の不足、行動修正を受ける経験の減少、などがあげられる。

③　非社会的行動の予防　　学校における非社会的行動の予防のためには、何よりも**社会性の育成**が大切であろう。家庭と密接な連絡をとりながら、授業や学級活動など学校の教育活動のあらゆる場面において、児童・生徒相互、教員と児童・生徒が意見交換や共同作業を行う機会を増し、社会的な相互作用を推進することである。こういった取り組みは児童・生徒に社会的なかかわりの価値を認識させることになり、非社会的行動のリスクのある児童・生徒を見定める機会にもなる。

非社会的行動のリスクが高い児童・生徒に対しては、対人ストレスを緩和する**ソーシャルサポート**（または社会的支援。他者から与えられる有形無形の様々な支援を指す）を与え、ソーシャルスキルを高める指導を行わなければならない。

④　非社会的行動への対応　　非社会的行動への対応には、情緒面への支援と認知・行動面への支援がある。前者には教員による問題解決的な面接相談、スクールカウンセラーと連携した心理カウンセリング・心理療法など、後者にはロールプレイングやモデリングなどのソーシャルスキルトレーニングがあげられる。

（3）い　じ　め

①　「いじめ防止」の法制化　　学校における**いじめ**が社会問題化して久しいが、現在では「いじめ防止」は立法化されている。2013 年 6 月に公布され同年 9 月から施行された「**いじめ防止対策推進法**」がそれである。1980年代半ばから、いじめに起因する児童・生徒の自殺事件がたびたび大きく報道され、そのつど学校側の対応の問題点が指摘されてきた。とりわけ 2011年 10 月 11 日に発生した「**大津市中 2 いじめ自殺事件**」においては学校側のいじめに対する指導のあり方が厳しく問われ、この法律の制定につながったのである。

②　いじめ防止対策推進法の概要　　この法律は第 1 条において目的を「いじめの防止等のための対策を総合的かつ効果的に推進すること」とし、「**いじめの防止等**」は「**いじめの防止、いじめの早期発見及びいじめへの対処をいう**」と注記している。

第 2 条では「この法律において『いじめ』とは、児童等に対して、当該児童等が在籍する学校に在籍している等当該児童等と一定の人的関係にある他の児童等が行う心理的又は物理的な影響を与える行為（インターネットを通じて行われるものを含む。）であって、当該行為の対象となった児童等が心身の苦痛を感じているものをいう」といじめを定義し、「『児童等』とは、学校に在籍する児童又は生徒をいう」と注記している。

各学校については、第 13 条で学校としての**いじめの防止等のための対策に関する基本的な方針**を策定することが規定され、第 22 条で**いじめの防止等の対策のための組織**を置くことが義務づけられている。

③　保護者の規範意識育成の努力義務の明文化　　いじめ防止対策推進法でとりわけ注目されるのは、「保護者の責務等」が明文化されたことである。

第 9 条第 1 項には「**保護者は、子の教育について第一義的責任を有する**もの**であって、その保護する児童等がいじめを行うことのないよう、当該児童等に対し、規範意識を養うための指導その他の必要な指導を行うよう努めるもの**とする」とある。

家庭教育については、2006 年の**教育基本法**改訂において、第 10 条第 1 項に「父母その他の保護者は、子の教育について第一義的責任を有するものであって、生活のために必要な習慣を身に付けさせるとともに、自立心を育成し、心身の調和のとれた発達を図るよう努めるものとする」として保護者の努力義務が初めて盛り込まれた。子どもの教育についての根本的な責任は保護者にあるのであって、子どもの心身の発達のための努力と基本的なしつけを怠ってはならないということは自明であるはずだが、それを法文化しなければならないという点に日本の家庭教育の問題点が凝縮されているといえる。

いじめ防止対策推進法の第 9 条第 1 項は、条文の趣旨に沿ってその保護する児童などがいじめを行うことがないよう、規範意識を養う最初の指導を保護者の努力義務としている。法文化されたとはいえ、このことを意識的・自覚的にとらえている保護者はまだまだ少ない。2 つの法律のこれらの条文とその意義はもっと周知されるべきであろう。

④　異年齢集団の崩壊がもたらしたもの　　法文化されるか否かにかかわらず、いじめの未然防止こそが中心の課題であることはいうまでもない。いじめの未然防止のためには「いじめが起きないような生徒間の人間関係づくり、集団づくりが肝要」とは常に指摘されることだが、このことこそが至難の業であることは学校におけるいじめが後を絶たないという事実が証明している。

1960 年代半ば頃まで、放課後や週末に、学校を離れた子どもたちは異年齢集団の中で遊んでいた。まち中や野山で様々な遊びをしていた一種のギャング集団であった。小さい子をいじめる者がいれば、統制している中学生ぐらいの「ボス」が抑止する。「弱い者いじめはするものではない」というモラルが自然と形成されていたのである。

学校におけるいじめの頻発や陰湿化の解明が必要であるが、受験戦争の激

化などによって異年齢集団が崩壊すると、同じ学級や学年の同年齢集団だけが残る。同年齢だけに体力その他が近接し、しかも競争し合う者同士、ということになれば他者と自分を比較し、規格化された社会の中で安住し、弱い者、異質なものを選別し、排除するという「いじめの構造」が生まれやすいのである。

⑤　いじめの起きない人間関係づくり、集団づくり　こういった社会構造の変化があるが、教員と教員集団は地道に「いじめの起きない人間関係づくり、集団づくり」を行っていかねばならない。家庭との連携、学校段階を超えた連携で児童・生徒の置かれた環境、集団としての特徴を掴み、規範意識を育み、他者を思いやることの大切さを認識させていく。教科指導、特別活動、道徳教育、総合的な学習・探究の時間など学校の教育活動のあらゆる機会を駆使して、いじめを許さない人間関係をつくり、そのような集団に育てていかねばならないのである。

⑥　いじめに対する理解といじめ認知の努力　未然防止に努めていても、自らの学級・ホームルームにいじめ事案が発生する場合がある。小さな兆しでも早期に発見し、早期に対応することが重要になるわけだが、そのためには教員自身がいじめの形態、初期の状況などについて熟知し、見逃さないという態度が必要であり、いじめを早期段階で認知できるよう、日頃から個々の児童・生徒と近く深く接し、小さな変化にも気づけるようにしておかなければならない。

⑦　教員間の人間関係づくり　いじめ防止対策推進法によって、学校としてのいじめ防止等対策基本方針の策定といじめ防止等対策のための組織の設置が義務づけられているわけだが、教員集団が一致団結して取り組んでいる、ということがなければどんなに優れた方針も実行できないし、対策組織も機能しない。いじめ防止等についての教員集団の十分な討議が必要であるし、教員相互の日頃の交流によって良好な人間関係をつくっておく必要がある。

(4)　不　登　校

①　「不登校」の定義と要因　文部科学省が毎年行っている「児童生徒

の問題行動・不登校等生活指導上の諸課題に関する調査」では、不登校は「何らかの心理的、情緒的、身体的、あるいは社会的要因・背景により、児童生徒が登校しないあるいはしたくともできない状況にあること（ただし、病気や経済的な理由によるものを除く）」と定義されている。一方、同じく文科省が毎年行う「学校基本調査」では、1つの年度の間に連続または断続して30日以上欠席した者を「長期欠席」者とし、その理由を病気・経済的理由・不登校・その他の4つに分類している。

「学校基本調査」では、不登校の要因はまず「本人に係る要因」「学校に係る要因」に大分類され、前者は学校における人間関係に課題を抱えている、遊び・非行の傾向がある、無気力の傾向がある、不安の傾向がある、その他となっている。後者はいじめ、いじめを除く友人関係をめぐる問題、教職員との関係をめぐる問題、学業の不振、進路に係る不安、クラブ活動・部活動等への不適応、学校のきまり等をめぐる問題、入学・転編入学・進級時の不適応に分類される。

不登校とは、病気や経済的理由以外の理由で1年度に30日以上欠席をしている状態を指し、当該児童・生徒の状況は多種多様なものであるから、対応も一様なものであっては問題解決にはつながらない。

②　本人の心情　　不登校は、児童・生徒が選択する学校との関係に起因することが多いとされる。当人を追い詰めてしまわないことを前提に、自身に自分の真意を考えさせ、どのようにするのかを選ばせることが必要だろう。学校に行くか行かないかは本人が決めるべきことである。

③　進路選択との関係　　進学先の学校の選択は、社会における自己実現や進路選択と直接につながっている。進路は各自が決定するものであり、自己の将来像を描かせ、自分が現在置かれている立場や学校との関係を考えさせることが大切で、キャリア教育などの支援が求められる。

④　チームとしての指導の大切さ　　文部科学省は、不登校に係る組織的な指導例として「不登校対策委員会を中心とした指導体制と取組」（図2-Ⅲ-2）をあげている。この事例で示されている重要なポイントは、学級・ホームルーム担任のみによる指導ではなく、チームをつくって個々の例の指導方

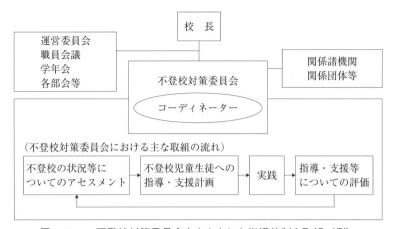

図2-Ⅲ-2　不登校対策委員会を中心とした指導体制と取組（例）

出所）国立教育政策研究所　2004　『不登校への対応と学校の取組について―小
　　　　学校・中学校編―』。

針を十分に話し合い、方針を立てた上で指導することである。当該児童・生
徒に様々な対処法を示し、自ら考えさせることがチームによる指導によって
可能になる。

（5）　情報モラルに関する問題

①　情報モラルに関する問題行動　　情報モラルに関する問題行動の種類
および代表例をまとめたものを表2-Ⅲ-1で示す。インターネットやSNSの
普及によって、すでにかなり深刻な状況になってきていることがわかる。

②　学校における情報モラル教育と家庭との連携　　学校における情報教
育においては、情報へのアクセスや情報発信についての判断力の育成と、イ
ンターネット使用に関するルール指導などを内容とする情報モラル教育の充
実とが問題行動の予防となる。家庭に対しても、情報通信端末使用に関する
家庭内でのルールの設定やフィルタリングの活用などについて協力を求める
必要がある。

③　問題行動への対応　　情報モラルに関する問題行動を認知した場合は、
これまで述べた反社会的行動、非社会的行動、いじめなどの問題行動への対
応に沿った形で速やかに対応を進めていくことになる。

表 2-Ⅲ-1　情報モラルに関する問題行動の種類および代表例

種類	代表例
状況にふさわしくない情報通信端末の利用	学校の規則に反する携帯電話の所持や使用。不適切な場所（電車の優先席、病院など）や状態（歩行中や自転車運転中など）での使用。
過度な情報通信端末の利用	インターネット上でのコミュニケーションへの過度な傾倒。インターネットゲームに対する嗜癖。その他「インターネット依存症」に通じる使用。
氾濫する情報に対する不適切な対応	違法情報（わいせつ物の公然陳列や薬物犯罪等の実行に関する情報など）や有害情報（違法行為を引き起こす可能性のある情報、自殺を誘発する情報など）へのアクセス。不正確な情報に対する思慮のない対応。
思慮分別のない個人情報の発信	ブログ、SNS、メールなどを通じた自らの情報や写真などの書き込みや送信。
他者との間でトラブルの発生するインターネット利用	クラスメートや知人を中傷したり名誉を棄損したりする記事の掲載。ネットいじめに通じるやりとり。コミュニティサイトなどをきっかけとしたトラブル。

出所）安達未来・森田健宏編著　2020　『よくわかる！教職エクササイズ④　生徒指導・進路指導』ミネルヴァ書房、p.100 図表 7-6。

3．子どもの健康と安全

　人の**健康**は生活の基本であるとともに人生究極の目的的価値である。したがって、健康を基本として助長する方向に働くことによって、**真・善・美**の価値観が発揮できるわけである。

　このような理念に立って教員は健康・**安全**に関する指導をし、この理念に基づく生命を畏敬し尊重する健康観を、生徒にも修得させることが大切である。

　もともと学校は安全で安心な場所であった。しかし、科学技術の大いなる進展や経済状況の向上また、地球規模による環境の変化や少子高齢化等による社会構造の変化は学校社会にも大きな変化をもたらした。

　私たちは、常に新しい情報の収集と感性を持って、**健康課題**に対処しなければならない。

1) 健康・安全に関する新たな課題

（1） エイズ（後天性免疫不全症候群）

1987 年 1 月 17 日神戸で日本人初のエイズ患者報告があり、**エイズ**パニックが広がった。**後天性免疫不全症候群**といわれるように普通の生活ではかからないような多くの日和見感染を生じ、身体の異常等による生命の危険に及ぶ症状を呈する。

エイズの感染経路を特定すると性的感染・血液感染・母子感染の 3 つがあげられる。これらの感染経路は、性に関する指導を徹底することにより防げることから、各教育委員会や日本学校保健会において「性に関する指導の手引」等が作成され、各学校に配布され、**保健教育**においても重要な課題として取り上げられた。

（2） 阪神・淡路大震災

1995 年 1 月 17 日 5 時 46 分神戸を中心に地震が発生した。この災害による人的被害は、死者 6434 名、行方不明者 3 名、負傷者 4 万 3792 名というきわめて深刻な被害をもたらした。また、施設等では住家について全壊約 10 万 5000 棟、半壊約 14 万 4000 棟であった。この地震は、内陸で発生した直下型地震で、津波による被害はなかった。

この地震を契機として、学校における**避難訓練**に地震が発生し、その後火災がという想定のもと、訓練が実施されるようになった。

（3） O157

1996 年 7 月堺市において、**学校給食**に起因する**腸管出血性大腸菌 O157**による学童集団下痢症により、2 次感染をも含め 9000 名を超す罹患者が発生し、うち児童 3 名が死亡するという重大で痛ましい事件が発生した。学校給食の安全に対する信頼を損ねかねない事件であった。給食の安全を重視することから安全な食材の購入、加熱調理の徹底等を図るため詳細な調理マニュアルの整備などをするとともに調理器具や調理環境の改善を図り、様々な**安全対策**が講じられた。

（4） 大阪教育大学付属池田小学校事件

2001 年 6 月 8 日 2 時間目の授業終了間近に出刃包丁を持った男が校内に

侵入、小学校 1・2 年生を追いまわし、児童を次々と突き刺した。犠牲者 8 名負傷者 15 名というきわめて悲惨な痛ましい事件が発生した。

　この事件の後、各学校は校門を閉め、来校者のチェックをするとともに、事務室等重要場所にさすまた等の警備用具を配置した。また、児童・生徒の健康に関する施策を法的に管理していた**学校保健法**が 2008 年に**学校保健安全法**と改称され、健康だけでなく安全に関しても規定されるようになった。規定の中には、今までの**学校保健計画**作成に加え、**学校安全計画**の作成も義務づけられた。

（5）　サ　ー　ズ

　重症急性呼吸器症候群といわれ、**SARS コロナウイルス**による新しい**感染症、感染症予防法**の 2 類感染症の 1 つ。主に飛沫感染し、高熱を発し、せきや息切れなどの呼吸器症状が出る。2002 年 11 月中国で発生した例が最初とされる。その後世界に蔓延し、数千名の患者と数百名の死者を出している。日本では、2003 年 6 月末までに 68 例報告されたが、死者は出なかった。このように、新しい感染症が現れ、今後もわれわれの前に未知の感染症が出現する可能性がある。

（6）　東日本大震災

　2011 年 3 月 11 日 14 時 46 分**三陸沖を震源とする大地震**が発生した。この災害による人的被害は、死者 1 万 5854 名、行方不明者 3155 名と阪神・淡路大震災の死者数 6434 名をはるかに上回る最悪の災害となった。この最悪の災害となったのは、地震に伴う大津波によって岩手県、宮城県、福島県、茨城県、千葉県など三陸沿岸から関東地方沿岸の集落では壊滅的な被害が発生した。さらに東京電力福島第一原子力発電所が、地震と津波により崩壊し、国際原子力事象評価尺度レベル 7 の深刻な原子力事故が発生した。この原子力事故により東京電力福島第一原子力発電所付近の住民は、避難を余儀なくされ、地元地域にいまだ帰れない方々が多数おられる。津波による被害は深刻で、海岸付近の小学校では多くの児童が津波に引き込まれ尊い若い命を奪われることとなった。海に近い学校では、**地震**に加え、**津波**に対する**避難訓練**も取り入れられ、命の大切さを受け止めている。

以上、健康や安全に関する指導で見直さなければならない大きな事象をあげた。法律の名称変更や新たな訓練等、児童・生徒の健康や安全確保のための指導内容を改善している。

　今後も交通機関の発達による地球のグローバル化、環境等の変化による生態系の変化など健康や安全に脅威をもたらす事象が起こる可能性が十二分にある。注意して取り組まねばならない。

2) 健康・安全に関する自律性の獲得

　私たちは、生きるために必要な様々な能力を持っている。図2-Ⅲ-3は生きるために持っている能力や態度を自律性、他者からの支援を他律性として表した。自律性は例えば、乳児期であっても、熱いものに手を持っていくと引っ込める。また、少し歩けるようになると、段差があれば、膝を先にまげて衝撃を和らげるよう対処して飛び降りる。これらは、本能的に備わった危機への回避の方法である。

　これらの本来持っている自律的な能力について学校教育を通じていかに伸ばしてやるかである。私たちが健康で安全な生活を送るには、体力づくりや食事に関する指導はもちろんのこと、身体や心に関すること、疾病に関する知識、私たちを取り巻く環境について、グローバル時代の情報や社会状況について、少子高齢化時代の家庭生活等の様々な状況に対し、どのように対処するかの知識や体験を通して、いかに自分のものとして吸収していくかであ

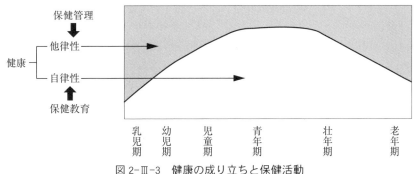

図2-Ⅲ-3　健康の成り立ちと保健活動

る。

　このような、自律性を高める内容について学校教育では 2008 年 1 月の中央教育審議会の答申において、学習指導要領等の改善が示されている。例として小学校の体育科の改善の基本方針を示すと次の通りである。

　保健については、「生涯を通じて自らの健康を適切に管理し改善していく資質や能力を育成するため、一層の内容の改善を図る。その際、小・中・高等学校を通じて系統性のある指導ができるように、子供たちの**発達段階**を踏まえて保健の内容の体系化を図る。また、**生活習慣**の乱れや**ストレス**などが健康に影響することを学ぶことが重要であり、健康の概念や課題などの内容を明確に示すとともに、心身の発育・発達と健康、生活習慣病などの**疾病予防**、保健医療制度の活用、健康と環境、傷害の防止としての安全などの内容の改善を図る。……」としている。

　他律性においても私たちを支援してくれる健康に関する様々な内容として、**保健医療制度**の活用を学習内容として取り上げ、**早期発見・早期治療**の啓発を図り健康な生活ができるよう取り組んでいる。

　また、前述の「子供たちの発達段階を踏まえて保健の内容の体系化を図る」については、図 2-Ⅲ-4 の通りである。小学校 3、4 年生で学習した内容についてレベルを上げながら学年進行によって進展させる。さらに年齢に応じ、必要な内容を加味していく。そして、小学校から高等学校まで間断なく保健学習を行い、健康・安全に関する意識の向上を図るということである。

　上述したように健康・安全に関する自律性は、**保健教育**によって伸ばすことができる。また、他律性の健康・安全に対する支援や見守りは、**保健管理**である。

3) 健康・安全を育む学校における保健・安全の活動内容

　学校における児童・生徒の健康・安全を保持増進するための指針として**学校保健安全法**を制定し、健康・安全に関する規定をしている。おおよその内容は、**学校保健安全計画**の策定や**健康診断**、**健康相談**、感染症、学校医・学校歯科医・学校薬剤師の配置などについてである。これらの内容をふまえ、

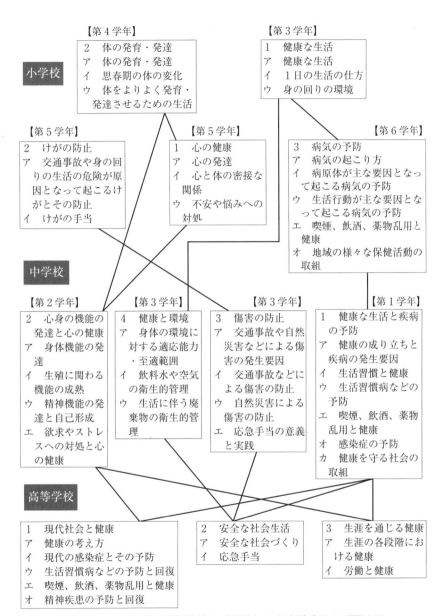

図2-Ⅲ-4　小、中、高等学校の「保健」の内容構成および関連図

出所）資料「実践力を育てる中学校保健学習プラン」㈶日本学校保健会を参考に新学習指
　　　導要領に合わせ筆者作成。

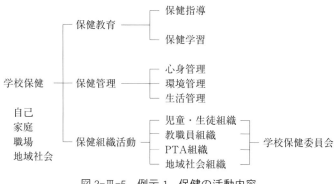

図2-Ⅲ-5　例示1　保健の活動内容

小・中・高等学校を通して行われる全教育活動において行われる**学校保健・学校安全**の活動内容は、例示1（図2-Ⅲ-5）の通りである。また、学校では、学校運営を行うために必要な、児童・生徒の学習、生活、進路、健康・安全等についての仕事分担を行っている。学校における健康・安全の活動を中心的に推進しているのは、**保健部**であり、また、専門的知識を有した教員として**養護教諭**が配置されている。

　また、活動内容からもわかるように、家庭、地域社会、地域関係機関など学校を取り巻く多方面との連携・協力が必要である。例えば、**学校保健委員会**は、地域社会組織の協力を得て実施している。子どもたちを育てるのは、家庭・社会・学校が協力・連携をして行われるものである。

　次に、学校で行われる保健・安全教育の特性を述べると以下のようになる。

①　保健学習は医学、生理学、衛生学、栄養学を基礎に置き、心理学、社会学、統計学など広い分野の内容を学問に取り入れた教科で、健康の保持増進のために統合された学問分野であり、能率と長寿を目標とする総合的、応用的な学習であるから、広くそれらの基礎知識を修得し応用しなければならない。

②　保健ほど多くの行政官庁や法規に関連している内容を持つ教科はない。教育では文部科学省、衛生・福祉・栄養では厚生労働省、非行・犯罪・交通事故は警察・法務省に関連し、多くの法規が関与している。白書等を通

して各種の統計も公表されるから、法規や統計についても研究が必要となる。

③　健康は人の出生から死亡までの全年齢を通じ、心身両面を統一的に取り扱う全人的な面を持ち、個人生活の全部を対象とするから、各年齢層に広く生活のあらゆる場面における健康・安全の問題を、**保健学習**は教材として取り上げ、具体的に指導することとなる。

④　健康は快適な環境と適正な生活を実現することによって維持増進することができる。したがって健康・安全についての科学的な知識を備えることはもちろん、健康・安全の諸問題を正しく判断し、強い意志で実践していく必要があり、実践にいたるまでを教育するのが保健学習の特色である。

⑤　個人の健康は社会の状況に大きくかかわり、歴史的な事情とも影響し合って、変化し進展している。したがって保健学習は、地域社会のいろいろな実態と過去から未来へのつながりを持った、広範な健康・安全の事象を考慮しなければならない。

⑥　保健学習の指導では、生徒の健康・安全に関する生活経験の上に立ち、教師の充実した指導力が作用して、学習成果を上げるのであるから、生徒の体験と教師の指導力が十分に生かされ、発揮されなければならない。

⑦　**学校安全**は、**生活安全・交通安全・災害の安全**の3本柱からなっている。安全については、自分の身に降りかからない限り、深く考えないことが多い。「**正常化の偏見**」という言葉があるが、「知識としては認識していても、まさか自分が被害にあうはずがないと考え、その危険を無視してしまう心理」のことである。**南海トラフ**による地震が近いうちに起こる確率が高いといわれている。安全についても深く考えたい。

以上のようなことが考えられるが、私たちが、一生涯を通じて健康で安全な生活を送る基礎は、この学校保健・安全の活動による学習や体験によって修得することができるようプログラムされている。

4）学校における事故の現状

学校は児童・生徒の教育の場として、児童・生徒の生活集団の場としても

っとも安全でなければならない。また、学習効率の向上を図る上からも、教育の基盤として安全な条件を図らなければならない。しかし、私たちが日常生活を行っている中でも、けがや疾病を伴う事故がある。学校においても同様にけがや事故が発生している。学校におけるけがや事故の発生状況や原因等を把握することによりけがや事故を減少させることができる。

独立行政法人日本スポーツ振興センター大阪支所管内（近畿2府4県）の学校管理下（朝登校のため家を出たときから学校での学習活動をして下校後、家に帰るまでをいう）における児童・生徒等のけがや事故の災害に対し医療費等が請求され、給付した件数を場合別災害発生状況、場所別災害発生状況、負傷の種類および疾病別にそれぞれに見た結果である。

場合別災害発生状況（図2-Ⅲ-6a）で見ると、小学校は給付件数8万6688件中52％が休憩時間中に発生しており、続いて各教科・道徳が26％、学校行事が13％となっている。中学校では、給付件数7万5760件中52％が課外指導中に発生しており、次に各教科・道徳が22％、休憩時間中が16％と続き、高等学校では、給付件数4万3664件中61％が課外指導中に発生しており、次に各教科が22％、学校行事が8％と続く。小学校では休憩時間中が半数を超えるが、中・高等学校では課外指導中、つまり**部活動**中が半数を超える。学校生活の変化によるものであろう。また、その発生件数も高等学校では中学校より3万2000件程度減少している。学習や体験を通して安全への対処法などを獲得した結果と考えられる。

場所別災害発生状況（図2-Ⅲ-6b）で見ると、小学校は校舎内が47％、校舎外は43％の発生率となっている。中学校は校舎内が51％、校舎外は36％の発生率となっている。高等学校は校舎内が39％、校舎外40％、学校外も21％の発生率となっている。高校の場合部活動の対外試合など、行動範囲が広がる中で学校外のけがや事故が多いのが特徴となっている。

負傷の種類および疾病別（図2-Ⅲ-6c）では、小学校は、打撲・挫傷が36％、骨折20％、捻挫が18％の発生率となっている。中学校は、打撲・挫傷が31％、骨折20％、捻挫が23％の発生率となっている。高等学校は、打撲・挫傷が28％、骨折25％、捻挫が24％の発生率となっている。

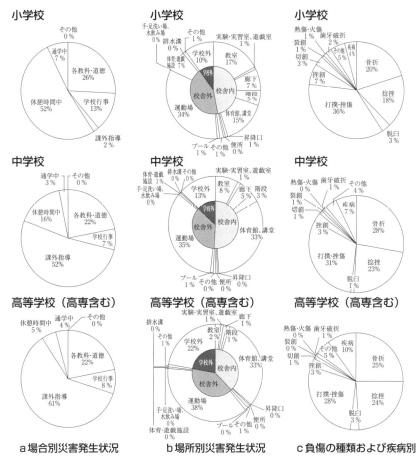

図 2-Ⅲ-6　小、中、高等学校の災害発生状況

出所）「KANSAI 学校安全 2012」日本スポーツ振興センター大阪支所をもとに作成。

　各学校においても、このような統計を毎年とることにより学校の傾向が把握でき、事故やけがへの対処法を考えることができる。

5）食育について

　近年、テレビ等のマスコミを見ていると、グルメやサプリメント等についての番組やコマーシャルがなされている。世間の健康志向やグルメブームを

あおっているような風潮が見られる。他国に目を向けると飢餓で栄養失調を助けるために寄付を募っている。

　こういった中、2005年6月10日に**食育基本法**が成立し、その前文には「21世紀における我が国の発展のためには、子どもたちが健全な心と身体を培い、未来や国際社会に向かって羽ばたくことができるようにするとともに、……食育を推進することが求められている。もとより、食育はあらゆる世代の国民に必要なものであるが、子どもたちに対する食育は、心身の成長及び人格の形成に大きな影響を及ぼし、生涯にわたって健全な心と身体を培い豊かな人間性をはぐくんでいく基礎となるものである」と謳われている。

　この「食育」という言葉は、最近使われるようになったと思っていたが、**石塚左玄**が1896年と1898年に著作（『化学的食養長寿論』『通俗食物養生法』）で「体育智育才育は即ち食育なり」と、その後1903年には報知新聞編集長・**村井弦斎**が、連載していた人気小説『食道楽』の中で「小児には徳育よりも智育よりも、**体育**よりも、**食育**がさき。体育、徳育の根元も食育にある」と記述している。言葉としては、新しいものではない。しかし、明治時代の栄養状態の悪い中での話としては、食事の大切さを啓発するよい言葉であったのだろう。今は、**飽食**の時代、いかに食事を考えるかということである。

　健康で日々楽しく過ごすには、バランスのとれた食物をとること、また楽しく食事をすることにある。若者の**痩身願望**や必要以上の食事、**肥満**による**成人病**の罹患者や予備軍、「食」を正しく理解しないために健康を害することにより、本人が苦しむことは勿論、医療費の増大にもつながる。

　健康を語る上では重要な要素であり、**給食指導**等を通して理解させる必要がある。

6）健康でたくましく生きるために

　「**生きる力**」を育むことが、これからの教育に求められている。

　中央教育審議会では、「生きる力」を次のような資質や能力として定義している。

　①　自ら課題を見つけ、自ら学び自ら考え、主体的に判断し、行動し、よ

これでよいのか通学路の安全対策

2012年4月23日7時58分亀岡市立の小学校で登校中の児童や保護者の列に軽自動車が突っ込み、計10人がはねられ3人が死亡、7人が重軽傷を負った。原因は居眠り運転とみられ、軽自動車を運転していた少年（18歳）は無免許運転であった。

1970年にも、同様の事故が発生し、当時の文部省は各都道府県の教育委員会や同知事に対し通知を出している。

その内容は、「さる6月11日、青森県下において児童の登校の列に居眠り運転の乗用車が突入し、集団登校中の児童10人全員が死傷する事故が発生したことはまことに遺憾であります。……なお、集団登下校については、……するとともに、関係方面に対しても通学路の安全確保するための施策を要請する等の措置を講ずる等、さらに事故防止に努められるようお願いします」とある。

42年前に通学路の整備をと訴えているが、亀岡市の事故が起こった直後、通学路に関する調査を国交省が行った。通学路とは、「交通安全施設等整備事業の推進に関する法律」（公安法）に基づき国家公安委員会と国交相が指定。児童が1日40人以上通るか、学校の出入り口から約1キロ以内にある道路とされている。全国の国道と都道府県道で通学路に指定されている4万4152キロのうち30％が、昨年3月末時点で歩道が全く整備されていないことが調査でわかった。また、規定未満の狭い歩道を設置したり路側帯をカラー舗装したりするだけの「簡易整備」も12％に上り、未整備と合わせると安全対策が不十分な通学路は4割超であった。安全確保のため、このような通学路では、通学時間帯だけでも車を迂回させるなどの措置をとってほしいものだ。

りよく問題を解決する資質や能力

② 自らを律しつつ、他人とともに協調し、他人を思いやる心や感動する心など、豊かな人間性

③ たくましく生きるための健康や体力

このような内容は、学校教育全体を通じ獲得していくことは、先に述べた自律性を向上させること、すなわち、自分が解決しなければならない**健康課題**を的確に把握する力、その健康課題を解決する方法を主体的に創意工夫して自分のものにする力、自分の生活に応用して発展させる力を身につけることである。また、健康・安全の課題を追求する過程で仲間や地域の人々とも

交流し、豊かな人間性を育むことである。

　教職を希望する学生の皆さんには、ぜひ、健康・安全に適切に対処できる資質や能力を備え、たくましく生きる児童・生徒を育ててほしい。

4.　子どもの発達特性と特別支援教育

　通常の学級で学習する児童・生徒の中には、個々の子どもの発達特性に違いがあることを理解し指導を行わなければならないことがある。ここでは、「一人一人の教育的ニーズに対応する特別支援教育」という観点から、小学校、中学校、高等学校で、発達障害のある児童・生徒をどのように把握し教育的対応を行うかについて解説する。また、障害のある児童・生徒のための特別支援学校ではどのような指導が行われているかについて概説する。

1)　通常の学級で学習をする特別な支援を必要とする児童・生徒への対応

　通常の学級では、約6.5%（文部科学省 2012）の児童・生徒が特別な支援を必要とすることが明らかになっている。1学級30人であれば1〜2名程度の該当児童が在籍していることになる。この児童・生徒たちは発達障害のある児童・生徒と呼ばれている。特徴的なことは、①読み書きや計算の力、②コミュニケーション力、③感情を適切に処理する力、④健康維持（心と体をリラックスさせる）に課題を持っていることであり、これらへの対応がうまくできないと、学力の不足の課題だけでなく、不安・攻撃性・多動傾向など状況が表面化し、学校教育への適応面で不登校や問題行動の状態になる可能性が生じてくる。通常の学級に在籍する児童・生徒であっても、発達障害の特性をふまえた指導方法を理解しておく必要がある。

　また、小学校、中学校、高等学校、特別支援学校の学習指導要領の総則に**「交流及び共同学習」**を行うことが示され、さらに「共生社会の形成に向けたインクルーシブ教育システム構築のための特別支援教育の推進」（中央教育審議会初等中等教育分科会 2012）が報告されるなど、小・中学校等で、視覚障害、聴覚障害、知的障害、肢体不自由、病弱・身体虚弱等のある児童・生徒がと

もに学習する機会が増えてきている現状もある。実態把握や支援のノウハウについて、地域の特別支援学校と連携しながら、指導の工夫を行うことが不可欠になってきている。バリアフリーをふまえた施設・設備の整備や、教科指導の変更・調整を行うなど、「合理的配慮」（中央教育審議会初等中等教育分科会 2012）という新しい概念の動向も視野に入れて教育活動を構築していく時代になってきている。

2) 発達障害の定義、実態把握、教育的対応

　文部科学省では、LD、ADHD、高機能自閉症等のことを総称して**発達障害**と呼んでいる。通常の学級で学習する、LD、ADHD、高機能自閉症等の児童・生徒は、特別な支援を必要とする場合があり、その発達特性を理解して教育的対応を行う必要がある。

（1）　LD の特性と教育的対応

　①　LD の定義　　文部科学省では、次のように **LD**（learning disabilities：**学習障害**）の定義をしている。「学習障害とは、基本的には全般的な知的発達の遅れはないが、聞く、話す、読む、書く、計算する又は推論する能力のうち、特定のものの習得と使用に著しい困難を示す様々な状態である。学習障害は、その原因として、中枢神経系に何らかの機能障害があると推定されるが、視覚障害、聴覚障害、知的障害、情緒障害などの障害や、環境的な要因が直接的な原因となるものではない」（文部科学省初等中等教育局特別支援教育課 2006）。

　②　LD の児童・生徒の実態把握　　学校教育において、教師が LD の児童・生徒の実態に気づく上で知っておかなければならない観点は、次の通りである。

〈学習困難の評価〉

　・国語、算数（数学）等の基礎的能力に著しいアンバランスがあるため、学校内で収集した資料、標準的な学力検査等から、国語、算数（数学）の基礎的能力における著しいアンバランスの有無やその特徴を把握する。必要に応じて、複数の心理検査を実施したり、授業態度の観察や保護者との面談を実施したりして、認知能力にアンバランスがあることを確認し、そ

「約6.3%」から「約6.5%」へ

　通常の学級で、特別な支援を必要とする児童・生徒が約6.3％在籍していると
いうことはよく知られている。しかし、これは2002年の調査結果であり、
2002年当時に回答した教員は、必ずしも判断基準に慣れていたわけではないこ
とも公表されている。このような状況をふまえて、初回調査から10年を経た
2012年に、文部科学省は「通常の学級に在籍する発達障害の可能性のある特別
な教育的支援を必要とする児童生徒に関する調査」に取り組み約6.5％の調査結
果が示された。2012年の質問項目（抜粋）は次のような内容である。

　○質問項目と回答方法

　「『聞く』『話す』『読む』『書く』『計算する』『推論する』」では、次のような質
問が設けられている。

　　・聞き間違いがある（「知った」を「行った」と聞き違える）
　　・聞きもらしがある
　　・個別に言われると聞き取れるが、集団場面では難しい
　　・指示の理解が難しい
　　・話し合いが難しい（話し合いの流れが理解できず、ついていけない）
　　・適切な速さで話すことが難しい（たどたどしく話す。とても早口）
　　・ことばにつまったりする　など

　これらの項目の回答方法は、「ない、まれにある、ときどきある、よくある」
の4段階で回答する方法がとられている。その他の質問では、「『不注意』『多動
性―衝動性』」、「『対人関係やこだわり等』」の項目がある。質問・調査項目は、
無断で転載、複製、翻訳、頒布、公衆送信の制限がかかっているものがある。

　の特徴を把握する。

　・標準化された個別式知能検査の結果から全般的な知的発達の遅れがない

　　ことを確認する。

〈医学的な評価〉　　学習障害かどうかの判断にあたっては、必要に応じて、

専門の医師（小児神経科医など）または医療機関による評価を受けることを検

討するべきである。

〈他の障害や環境的な要因が直接の原因ではないこと〉　　児童・生徒の日常

生活における行動を把握し、他の障害や環境的要因が学習困難の直接的原因

でないことを確認する。

③　LD の児童・生徒への教育的対応　　LD の児童・生徒の学習のつまずきの背景には、学習活動における、知覚、記憶、思考、注意集中などの認知過程の問題が関係していることが推定されている。そのため、LD の児童・生徒のつまずきのタイプがどこにあるかを検討することが重要となる。例えば「聞く」ことでは、「音」や「音声」の情報処理過程につまずきを示す子どもは、聞いて意味理解を求める授業方法の中に、意味理解を助ける視覚教材としての挿絵や写真、グラフなどの教材の充実を図るなどして教材の変更・調整を行うことが効果的になる。「書く」ことが苦手な児童の中には、目で見て理解することが苦手でも、聞いて理解することができる児童・生徒もいる。このようなときには、理解や思考の手順を声に出しながら学習をするなどの指導方法の工夫が必要となる。「聞く」「話す」「読む」「書く」の中で苦手なところは、それぞれの LD の児童・生徒の得意とする処理過程を活かすように指導方法の変更・調整を行って、一人一人の教育的ニーズに対応しながら授業を行うことになる。

（2）　ADHD の特性と教育的対応

①　ADHD の定義　　**ADHD**（Attention-Deficit ／ Hyperactivity Disorder：**注意欠陥多動性障害**）とは、「年齢あるいは発達に不釣り合いな注意力、又は衝動性・多動性を特徴とする障害であり、社会的な活動や学校生活を営む上で著しい困難を示す症状である。通常 7 歳以前に現れ、その状態が継続するものであるとされている。注意欠陥多動性障害の原因としては、中枢神経系に何らかの要因による機能不全があると推定されている」（文部科学省初等中等教育局特別支援教育課 2006）。

　一定程度の不注意、または衝動性・多動性は、発達段階の途上においては、どの児童・生徒においても現れ得るものであるが、状態が継続し、社会的な活動や学校生活を営む上で著しい困難の状態を示す程度の状態を指している。

　ADHD の判断は、医療と連携した専門家や専門機関によって行われることが原則であるため、学校において安易な判断はしてはいけない。

②　ADHD の児童・生徒の実態把握　　ADHD の実態把握の観点は、「不注意」「多動性」「衝動性」という特性に関係しており、学校教育場面では、

次の点に留意し、専門家に判断を仰ぐことになる。

〈不注意であること〉

　　・学校での勉強で、細かいところまで注意を払わなかったり、不注意な間
　　　違いをしたりする。

　　・課題や遊びの活動で注意を集中し続けることが難しい。

　　・面と向かって話しかけられているのに、聞いていないように見える。

　　・指示に従えず、また仕事を最後までやり遂げない。

　　・学習などの課題や活動を順序立てて行うことが難しい。

　　・気持ちを集中して努力しなければならない課題を避ける。

　　・学習活動に必要なものをなくしてしまう。

　　・気が散りやすく、日々の活動で忘れっぽい。

〈衝動性があること〉

　　・質問が終わらないうちに出し抜けに答えてしまう。

　　・順番を待つのが難しい。

　　・他の人がしていることをさえぎったり、じゃまをしたりする。

〈多動性があること〉

　　・手足をそわそわ動かしたり、着席していても、もじもじしたりする。

　　・授業中や座っているべきときに、席を離れてしまう。

　　・きちんとしなければいけないときに、過度に走り回ったりする。

　　・遊びや余暇活動に、おとなしく参加することが難しい。

　③　ADHD の児童・生徒への教育的対応　　ADHD の児童・生徒のつま
ずきの背景には、自分の気持ちを制御し行動するセルフコントロールに問題
があるといわれている。医師の診断のもとで、投薬を受けながら生活をする
児童・生徒もいる。教師がこのことを理解しないで ADHD の児童・生徒を
見てしまうと、周囲の友だちに不快感を与える行動を、「意図的に、わざと
繰り返している」「社会性がない」「協調性がない」「空気が読めない」と安
易に断定し、必要な支援を判断するための実態把握や本人理解のための道筋
が断たれてしまう危険性がある。セルフコントロールができないゆえに、「や
ってはいけない」とわかっていることが「やめられない」ことを理解してお

かなければならない。問題行動を、厳しく叱責し、抑制するための懲罰的な指導は、特別な支援を必要とする児童・生徒の発達の筋道に沿った指導とは逆の働きが生じることになりがちである。問題の根本的な解決として、AD-HD の児童・生徒のセルフコントロールの力を高めるためには、学習環境の調整として、注意が持続しにくい児童・生徒には、一度に課す課題時間を短くして指導を繰り返すなどの対応を行うことになる。また、学習場面でのセルフコントロールを高める上で、自己を見つめて考える活動や、自分の行動をビデオで撮影し、自分を振り返るセルフモニタリングなどの場面を取り入れながら、指導を進めていくことが重要となる。ティームティーチングや個別指導など、指導形態にも、工夫が必要となる場合がある。特別な指導を行う、通級指導教室（通級による指導）などの多様な学びの場を活用することも考慮しなければならない。

（3） 高機能自閉症等の特性と教育的対応

① 高機能自閉症の定義　**高機能自閉症**（High-Functioning Autism）の定義は次の通りである。なお高機能自閉症等の「等」が使われるときの「等」は、アスペルガー症候群のことを意味している。

「高機能自閉症とは、3 歳位までに現れ、他人との社会的関係の形成の困難さ、言葉の発達の遅れ、興味関心が狭く特定のものにこだわることを特徴とする行動の障害である自閉症のうち、知的発達の遅れを伴わないもののことである。中枢神経系に何らかの要因による機能不全があると推定されている。アスペルガー症候群については、知的発達の遅れを伴わず、かつ自閉症の特徴のうち、言葉の遅れを伴わないもののことである。高機能自閉症やアスペルガー症候群は、広汎性発達障害に分類されている」（文部科学省 2004 一部表現改）。

② 高機能自閉症の児童・生徒の実態把握　学校教育活動の中で、教師が気づきやすい特徴は次の通りである。これらに該当する場合は、教育的、心理学的、医学的な観点からの詳細な調査が必要である。

〈知的な発達の状況〉　知的な発達に遅れは認められず、全体的に極端に学力が低いことはない。

〈人への反応やかかわりの乏しさ、社会的関係形成の困難さ〉
　・目と目で見つめ合う、身振りなどの多彩な非言語的な行動が困難である。
　・同年齢の仲間関係をつくることが困難である。
　・楽しい気持ちを他人と共有することや、気持ちでの交流が困難である。
〈言語の発達の遅れ〉
　・話し言葉に遅れがあり、身振りなどにより補おうとしない。
　・他人との会話を開始し継続する能力に明らかな困難性がある。
　・常同的で反復的な言葉の使用または独特な言語がある。
　・その年齢に相応した、変化に富んだ自発的なごっこ遊びや社会性のある
　　物まね遊びができない。
〈興味や関心が狭く特定のものにこだわること〉
　・強いこだわりがあり、限定された興味だけに熱中する。
　・特定の習慣や手順にかたくなにこだわる。
　・反復的な変わった行動（例えば、手や指をパタパタさせるなど）をする。
　・物の一部に持続して熱中する。
〈学校生活〉
　・社会生活や学校生活に不適応が認められること。
　③　高機能自閉症の児童・生徒への教育的対応　　高機能自閉症やアスペ
ルガー障害の児童・生徒は、対人関係を維持することにつまずきを示し、学
校生活での友だちとの相互交渉の問題やコミュニケーション上のトラブルと
して問題が表面化することがある。また、興味関心を示す領域が極端に限定
されていたり、本人の独特な環境認知や感覚のために、学校の物理的環境、
集団生活のルール、学習規範などが不安を高め、学校生活への適応を難しく
していたりすることがある。これらの特性をふまえると、「不安の軽減」と、
学校生活に適応するための「社会的スキル」の指導が必要となる。

3)　特別支援教育にいたる経緯と制度的な背景

（1）　特殊教育から特別支援教育へ

　「一人ひとりの教育的ニーズに対応する特別支援教育」は、障害のある幼

児児童生徒への特殊教育が出発点となっている。1948年からの盲学校、聾学校の義務制度開始、そして1979年からの養護学校義務制度開始で、障害のあるすべての児童・生徒に義務教育制度が行き届いた経緯がある。そして2001年に、「21世紀の特殊教育の在り方について—一人一人のニーズに応じた特別な支援の在り方について—(最終報告)(2001)」を検討する中で、約1000校の特殊学校と小・中学校には約2万を超える特殊学級の設置の到達状況をふまえて、「場の教育」から、「一人一人の教育的ニーズに対応する教育」への転換に着手が始まったわけである。2002〜2004年にかけて、通常の学級に在籍するLD、ADHD等の児童・生徒の実態調査を行い、約6.3%の在籍の数値を明らかにするとともに、この実態にどう対処するか検討が続けられ、小・中学校等で学習するLD、ADHD、高機能自閉症等も、特別支援教育の対象として教育的対応が始まったのである。一人一人の教育的ニーズに対応するための教育内容を担保するため、学習指導要領には「個別の指導計画」「個別の教育支援計画」が盛り込まれた。また、各学校と特別支援を支える関係機関との連携を推進するために、**特別支援教育コーディネーター**の養成研修が各地で実施されることとなった。そして、従前からの特殊学校の専門性を特別支援教育体制で活かすために、2007年に特殊教育から**特別支援教育**への学校教育法の改正が行われ、今までの盲学校、聾学校、養護学校は新しい特別支援教育制度の中で、地域の特別支援教育のセンター的機能の責務も担う特別支援学校となったのである。

(2) 特別支援学校の2つの機能

特別支援学校は、「視覚障害者、聴覚障害者、知的障害者、肢体不自由者又は病弱者（身体虚弱者を含む。以下同じ）に対して、幼稚園、小学校、中学校又は高等学校に準ずる教育を施すとともに、障害による学習上または生活上の困難を克服し自立を図るために必要な知識技能を授けることを目的とする」(学校教育法第8章第72条)学校である。特別支援学校で学習する児童・生徒は、小学校、中学校、高等学校に準じ、各教科、道徳、総合的な学習の時間、特別活動のほかに、「**自立活動**」の時間が教育課程の中に位置づけられている。

「自立活動」には、個々に応じた指導内容を選定する際の観点として、「健

康の保持」「心理的な安定」「人間関係の形成」「環境の把握」「身体の動き」「コミュニケーション」の6つの区分があり、幼児児童生徒の指導に際して個別の指導計画を作成し指導を行っている。知的障害の児童・生徒は、領域・教科を合わせた指導として、「日常生活の指導」「遊びの指導」「生活単元学習」「作業学習」などの学習を行っている。

　また、特別支援学校は障害のある児童・生徒の教育を行うという学校機能だけでなく、地域の特別支援教育のセンターとしての役目が規定されている。その規定は「特別支援学校においては、第72条に規定する目的を実現するための教育を行うほか、幼稚園、小学校、義務教育学校、中学校、高等学校又は中等教育学校の要請に応じて、第81条第1項に規定する幼児、児童又は生徒の教育に関し必要な助言又は援助を行うよう努めるものとする」（学校教育法第74条）。というものである。小学校や中学校からの要請に応じる背景には、近年、通常の学級に発達障害のある児童・生徒が在籍しているが実態が明確になり、実態把握や個別の指導計画作成のノウハウなどを支援する必要がでてきたという背景がある。特別支援学校と小・中学校等が、一人一人の特別支援教育に関する教育的ニーズに対応する学校群として、多様な学びの場を形成する状況になってきているのである。

（3）　小学校や中学校の特別支援教育

　特別支援学級、通級指導教室（通級による指導）での教育　　通常の学級には、約6.3%（2012年の調査では約6.5%）のLD、ADHD、高機能自閉症等が学習している実態があることは先に述べたが、2013年に就学に関する手続きの改正が行われ、従前からの認定就学の制度は廃止され、特別支援学校で学習する程度の児童・生徒であっても、小・中学校の設置者である市町村教育委員会等は、障害の状態、その者の教育上必要な支援の内容、地域における教育の体制の整備の状況、保護者および専門家の意見等を勘案して、総合的な観点から就学先を決定する仕組みになった。このような特別支援学校に該当する程度の児童・生徒の学籍は、通常の学級在籍、または**特別支援学級**在籍となるが、通常の学級に在籍して**通級指導教室**（**通級による指導**）で特別な指導を受けることもできるわけである。特別な教育的ニーズに対応する多様

な学びの場があるわけである。小・中学校等の特別支援教育については、「幼稚園、小学校、中学校、高等学校及び中等教育学校においては、次項各号のいずれかに該当する幼児、児童及び生徒その他教育上特別の支援を必要とする幼児、児童及び生徒に対し、文部科学大臣の定めるところにより、障害による学習上又は生活上の困難を克服するための教育を行うものとする」(学校教育法第81条第1項) と規定されている。この法令は、幼稚園、小学校、中学校、高等学校でも特別な指導を行うこと、つまり特別支援教育を行うことの根拠となっている。規定の中の「次号各号」に該当する障害種は、特別支援学級では弱視、難聴、知的障害、肢体不自由、病弱・身体虚弱、情緒障害、自閉症である。そして、通常の学級に在籍して週に数時間特別な指導を受ける通級指導教室 (通級による指導) では、弱視、難聴、肢体不自由、病弱・身体虚弱、自閉症、情緒障害、言語障害、学習障害、注意欠陥多動性障害が対象となっている。

4) 授業のユニバーサルデザインと特別支援教育

　通常の学級の中で学習する特別な支援を必要とする児童・生徒は、LD、ADHD、高機能自閉症等の発達障害児だけでなく、今後のインクルーシブな教育システム構築に伴って、特別支援学校が対象としている障害のある児童・生徒も小・中学校等で学習することが増えてくることが予測され、どのように授業を行っていくかが課題となってきている。授業を行う教師は、例えば、発達障害のある児童・生徒が通常の学級で学習しているとしたら、まず授業での「情報を保障する」ために、教師の声量、板書や教科書の文字情報等が児童・生徒に認識できるかを点検し調節できる専門性が必要となる。授業中の視覚・聴覚情報が、成長発達の途中の児童・生徒の脳に認知できるレベルとなって届いているかということである。その上で、発達障害の特性をふまえ、注意が散漫にならないように不必要な視覚刺激を取り除いたシンプルな板書にしたり、色チョークなどを使い大切な点をわかりやすくしたり、板書のスピード、文字の大きさ、字間、行間などへの配慮をすることになる。
　次に「授業参加のための工夫」として、机間指導を有効に行い、即座に

個々の子どもの状況に応じて支援できるかどうか、不要な競争意識をあおっていないか、発表場面の設定ができているかなどの指導上の配慮が必要となる。

　さらに、「教科の学習課題へ取組への配慮」として、授業の流れを予告したり、具体的なめあてを示したりして、「この時間は何を勉強するのか」と見通しを持たせ、課題解決が困難な場合には、指導方法をスモールステップにして対応するなどして、結果として児童・生徒が学習できたことの充実感が持てるようにいたる授業設計をすることが必要となる。ここでは、発達障害児への対応を例として説明したが、これらのことは「どの子どもにもわかる授業」という意味で、最近は「**授業のユニバーサルデザイン**」と呼ばれるようになってきている。

　そして、視覚障害、聴覚障害、肢体不自由、病弱・身体虚弱の児童・生徒が通常の学級で学習する場合には、それぞれの障害特性に対応した情報保障、環境整備、心理的支援、教科指導の変更・調整が必要となる。文字の拡大、補聴器や人工内耳の使用に配慮した騒音の軽減、教室移動など容易にする施設のバリアフリー化、色素乾皮症に対応する紫外線カットなどの対応が必要となる場合もある。これらは今後の共生社会を目指すインクルーシブな教育システム構築の中で「合理的配慮」と「基礎的環境整備」として対応していくことになる。児童・生徒への「合理的配慮」を確保するためには、本人の意思の表明が困難であることなどにより、意思の表明がない場合であっても、本人が社会的障壁の除去を必要としていることが明白である場合には、適切と思われる配慮を学校等から提案し、建設的対話を働きかけるなどの取り組みに努めることが重要となる。教師が個々の子どもの発達特性を知らないがゆえに、児童・生徒に困難を強いることがあってはならないわけである。

◆引用・参考文献

安達未来・森田健宏編著　2020　『よくわかる！教職エクササイズ④　生徒指導・進路指導』ミネルヴァ書房

今西幸蔵・古川治・矢野裕俊編著　2019　『教職に関する基礎知識（第2版）』八千代出版

大阪府教育委員会　1993　「大阪府立学校教職経験者研修講座1」資料

解説教育六法編修委員会編　2020　『解説教育六法2020令和2年版』三省堂

国立教育政策研究所生徒指導研究センター　2009　『生徒指導資料第1集（改訂版）』ぎょうせい

国立特殊教育総合研究所　2006　「注意欠陥／多動性障害（ADHD）児の評価方法に関する研究」

国立特別支援教育総合研究所　2009　「特別支援教育の基礎・基本」ジアース教育新社

国立特別支援教育総合研究所　2011　「障害のある子どもの今後の教育についての基礎研究—インクルーシブ教育システムの構築に向けて—」

財団法人日本学校保健会　2001　「実践力を育てる中学校保健学習のプラン」

篠田輝子　1999　『生徒指導論12講』福村出版

社団法人大阪府学校歯科医会　2002　「学校歯科医のための食育マニュアル」

中央教育審議会　2005　「特別支援教育を推進するための制度の在り方について（答申）」

中央教育審議会初等中等教育分科会　2012　「共生社会に向けたインクルーシブ教育システム構築のための特別支援教育の推進（報告）」

特別支援教育の在り方に関する調査研究協力者会議　2003　「今後の特別支援教育の在り方について（最終報告）」

独立行政法人日本スポーツ振興センター大阪支所　2001　「KANSAI　学校安全2012」第7号

21世紀の特殊教育の在り方に関する調査研究協力者会議　2001　「21世紀の特殊教育の在り方について—一人一人のニーズに応じた特別な支援の在り方について—（最終報告）」

古川治・今西幸蔵・五百住満編著　2018　『教師のための教育法規・教育行政入門』ミネルヴァ書房

水谷修　2012　『夜回り先生いじめを断つ』日本評論社

宮野安治　1990　「ボルノーの教育的雰囲気論」『大阪教育大学教育論集』

文部科学省　2004　「小・中学校におけるLD（学習障害）、ADHD（注意欠陥／多動性障害）、高機能自閉症の児童生徒への教育支援体制整備のためのガイドライン（試案）」

文部科学省初等中等教育局特別支援教育課　2006　「就学指導資料（補遺）」

文部科学省　2010　『生徒指導提要』

文部科学省初等中等教育局特別支援教育課　2012　「通常の学級に在籍する発達障害の可能性のある特別な教育的支援を必要とする児童生徒に関する調査結果について」

文部科学省　2013　「学校教育法施行令の一部改正について（通知）」

文部科学省　2017　『小学校学習指導要領』

文部科学省　2017　『中学校学習指導要領（平成29年告示）解説』

文部科学省　2017　「特別支援学校　幼稚部教育要領、小学部・中学部　学習指導要領」

3 部

学校生活と学校外との
連携

Ⅰ章

教員と学校生活

1. 服務と様々な研修制度

1）教員の生活と勤務

（1）　教員の生活

　教育委員会等の任命権者から採用の辞令を受けた教員は、経験の有無にかかわらずすぐに教壇に立って授業を行い、学習指導や生徒指導にあたることになる。学校においては**校務分掌**を担当し、自宅に戻っては**教材研究**等に追われる生活を送るのである。昨今の働き方改革の対象とされる職種であり、新任教員の最初の日からめまぐるしく仕事に従事する。充実感を得ることができる一方で、精神的に厳しい状態に追い詰められたと感じる教員もいる。教員生活になじめないままに退職にいたる教員の増加が、昨今の社会問題にさえなっている。

　教員の生活は、地方公務員（私立学校も準ずる）という立場から、様々な面で制限されているだけでなく、教員に対する社会全体の目や意識があるので、行動には特に配慮を要する。また学校現場での多くの複雑な課題とそれへの対応が求められており、教育課題には誠実に対応していかねばならず、教員という仕事はかなり厳しい職種だといえよう。

　教員の生活については、他の地方公務員と同様に条例に定められた給与等の収入があり、生活は保障されている。教員の収入については、**人事院や人事委員会勧告**に応じて国および地方公共団体が教員給与を支給することになるが、県費負担教員の場合は、学校の設置者である市町村ではなく都道府県が条例に基づいて給与を支給する。給与条例主義の考え方のもとに、地方公

共団体は、教員に対して給料および旅費を支給しなければならず、以下のような諸手当も給与の対象となる。対象となるのは、扶養手当、地域手当、住居手当、初任給調整手当、通勤手当、期末手当、勤勉手当等である。教職給与特別法では、校長、副校長および教頭を除く教員に、給料月額に**教職調整額**（給与月額の4％）が加給されるが、時間外勤務手当および休日勤務手当は支給されないこととなっている点は一般的な地方公務員とは異なる。

　教員の生活の安定と福祉の向上のための組織として、公立または私立の学校共済組合がある。教職員相互の救済を目的とする制度であり、校務の能率的運営に寄与することを目的としている。

　公立学校教員の場合は、地方公務員法第43条や地方公務員等共済組合法等に規定があり、**公立学校共済組合**によって教員の病気、負傷、出産、休業、災害、退職、障害もしくは死亡等に関して適切な給付を受けることができる。こうした考え方は、私立学校においてもほぼ同様で、私立学校職員共済法のもとに**私立学校共済組合**がある。

（2）　職場での勤務

　教員の勤務時間は**労働基準法**に従い、人事院勧告に基づいて勤務時間法が改正され、1日に7時間45分、1週間について38時間45分である。実際には、各教育委員会が正規の勤務時間を割り振っており、職務の性質によって特別な勤務形態の教員も同様である。

　普通の行政機関とは異なり、学校では宿泊訓練、修学旅行や臨海学校等の学校行事が実施されており、教員の勤務が不規則になる。そのために公立学校教員には、臨時または緊急のやむを得ない必要があるときに限り、正規の勤務時間を超えて勤務させることができることが政令で定められている。その内容は、①校外実習その他生徒の実習に関する業務、②修学旅行その他学校の行事、③職員会議に関する業務、④非常災害の場合、児童または生徒の指導に関し緊急の措置を必要とする場合その他やむを得ない場合に必要な業務であり、前述した教職調整額が支給される。

2) 教員と服務

(1) 服務の根本原則

　教員の身分は、「先生」と呼称されるような社会的信頼があり、尊敬される立場にある。このことがわが国の学校教育に大きな影響を与え、今日のような教育立国が形成される1つの要因となったと考えられる。

　一方で、公立学校の教員は地方公務員（私立学校等も公立学校に準ずる身分）であるため、服務規則等の様々な法的制約を受けており、遵法精神が強く求められる職務である。服務というのは、「職務に従事すること」（広辞苑）という意味であり、教員の場合は**地方公務員法**および**教育公務員特例法**等により規定されている。

　地方公務員に最も必要とされるのは、憲法第15条で示されているような「**全体の奉仕者**」であるという考え方であり、学校においてはすべての児童・生徒を対象とした公平で平等な教育活動が必要とされる。そのためにも教員には、日頃から幅広い視野を持つことが望まれる。

　地方公務員法では「すべて職員は、全体の奉仕者として公共の利益のために勤務し、且つ、職務の遂行に当つては、全力を挙げてこれに専念しなければならない」（第30条）とあり、服務の根本基準となっている。教員の多くは給与等の県費負担を受けて都道府県（または指定都市）教育委員会に属するが、市町村立学校では、服務の監督は市町村教育委員会が行う。地方公務員法での服務義務は、**職務上の義務**と**身分上の義務**等に分類されている。

(2) 職務上の義務

　地方公務員法での職務上の義務は、服務の宣誓（第31条）、法令等および上司の職務上の命令に従う義務（第32条）、**職務専念の義務**（第35条）である。

　服務の宣誓については、条例等に従って教育委員会が定めた手続きで行う。

　法令等および上司の職務上の命令に従う義務として、教員に法令、規則や規定に従うことが求められるとともに、職務遂行上の上司の命令（職務命令）に従わなければならない。

　職務専念の義務について、特別な場合を除いては、勤務時間中は注意力のすべてを自己の職責遂行のために用いなければならないことは、服務の根本

原則にも示されている通りである。この特別な場合のことを**職務専念義務免除**といい、法律に基づく免除と条例に基づく免除がある。法律に基づく免除というのは、休職、停職、本属長の承認を得ての勤務場所を離れた研修、大学院修学休業や労働基準法に基づく免除（休暇、休日、年次有給休暇、産前産後休暇、育児時間、生理休暇、育児休業、介護休業、災害救助に関することなど）であり、ほかに任免権者の承認を得た兼職、兼業への従事や勤務場所を離れた研修も免除対象となる。実際には、教員は勤務時間中以外にも日常的に職務に従事しており、学内外での生徒指導や部活動等に取り組んでいる教員や帰宅しても教材研究等に向かっている教員がほとんどであるが、時間外勤務手当および休日勤務手当は支給されない。

（3）　身分上の義務等

　地方公務員法で定められた身分上の義務等をあげると次のようになる。**信用失墜行為の禁止**（第33条）、**秘密を守る義務**（第34条）、**政治的行為の制限**（第36条）、**争議行為等の禁止**（第37条）および**営利企業等の従事制限**（第38条）であり、社会的に高く評価される職業に就いている教員に対しては厳しい規律や制限がある。

　教員としての信用を失わせる行為や不名誉な行為は、信用失墜行為として厳しく禁じられており、懲戒処分の対象となる。全体の奉仕者たるにふさわしくない非行についても同様であり、教員となる者は自分の行動に対して軽率な行為をとらないことが必要とされる。秘密を守る義務については、職務上知り得た公的または個人的秘密について、在職中のみならず退職後についても漏らしてはいけない。例えば児童・生徒の成績や家庭状況等にかかわる書類を教員が紛失したり、盗難にあったりする事件が後を絶たないが、基本的には学外に書類等を持ち出さないように工夫するなど、慎重な配慮と取り扱いが重要である。

　政治的行為の制限については、教員の思想信条の自由等の基本的な人権は保障されているが、行政に直接かかわる職務にあり、教員としての職務の公正さを図るため、政党への積極的な勧誘運動等の政治活動や特定政党を支持させる等の教育の教唆・煽動等の政治的行為が制限されている。こうした制

限は地方公務員法だけでなく公職選挙法等でも厳しく規定されている。

　次に争議行為等の禁止については、わが国の公務員には労働基本権が完全に保障されておらず、特に団体行動権（争議権）が認められていないという問題がある。そこで労働者の権利を尊重し、管理者と調整するために、人事院や人事委員会がある。教員の労働運動は日本教職員組合（略称、日教組）等の職員団体（教職員団体）によって行われている。ただし、私立学校の教職員は労働基本権が保障されており、労働組合法が適用される。

　教員は、任命された教職以外の職に従事することはできない。営利企業等の従事制限では、特別な場合は任命権者によって認められることがある。特例として、教育に関する他の職の兼職や教育に関する他の事業、事務に従事する場合には、人事委員会が定める許可の基準による必要はなく、任命権者の判断で許可されることになっている。

3）教員と研修

（1）研修の実施

　教育公務員特例法に「教育公務員は、その職責を遂行するために、絶えず研究と修養に努めなければならず、その機会を与えられなければならない」とある。「研修」とは、「研究」と「修養」の双方であり、「研究」は文字通りの意味であり、「修養」とは、「精神を錬磨し、高度の人格を形成するようにつとめること」（広辞苑）である。

　研修についていえば、基本研修、専門研修とその他の研修があり、基本研修については、教職年数に応じた研修と職能に応じた研修とが実施される。教職年数に応じた研修には、教育公務員特例法により実施されている**初任者研修**のほかに、教育委員会等が実施する**中堅教諭等資質向上研修**や指導改善研修のほか、5年目研修、10年目研修（法制上の10年経験者研修は廃止）や20年目研修などがあり、職能研修は、校長、教頭や各主任を対象としたもので、任命権者などが実情に応じて適宜実施している。

　専門研修には、教科や校務分掌などの教育課題に対応した研修がある。その他の研修には、教育研修センター、大学などが実施するもののほか、校内

研修や自主研修（個人、職員団体や教育関係団体など）がある。教員は授業に支障がない限り、校長の承認を得て勤務場所を離れて研修を行うこと、大学等の機関で長期の研修を受けることができる。任命権者には、教育公務員に対して研修を奨励することが求められており、研修を承認された教員は職務専念義務が免除される。

（2）　初任者研修

初任者研修については、1988年に**教育公務員特例法**が改正され、翌年から新しく採用された公立学校教員に対して、1年間の初任者研修が実施されている。対象となる教員には、任命権者に命じられた指導教員が指導および助言を行い、教諭としての職務遂行に必要とされる事項を研修させることになる。

初任者研修は、新任教員が実践的な指導力と使命感を養い、幅広い知見を獲得することを目的としたものであり、教育公務員特例法に基づいて各都道府県、指定都市および中核都市教育委員会が実施する。週10時間、年間300時間以上、校内で指導教員などから講義を受け、授業を観察し、自らの授業を公開するような校内研修とともに、教育研修センターやその他の施設での校外研修を行う。校外研修は年間25日以上であり、教科指導や生徒指導などの職務に必要とされる知識や技能を学ぶことになる。

（3）　10年経験者研修の廃止

教職に就いて10年目を迎えた教員を対象とした10年経験者研修は、2003年の教育公務員特例法の改正で法制化されていたが、2015年の法改正で廃止になった。10年経験者研修については、対象教員の専門性の向上や個性・能力を生かすためのものであり、各人の実情に応じて創意工夫された研修が実施されていたが、教員免許更新制度による講習の実施により、夏期休業中に免許更新と10年経験者研修の2つの研修が重なり、教員の負担増や内容の重複等の問題が起きていることなどが理由である。しかし、学校の中核をなす中堅教員については、中堅教諭等資質向上研修の機会の確保が法律で定められており、教育委員会や学校は、こうした研修の実施に努めることにより教員の質の向上を目指すことが求められている。

働き方改革と部活動

わが国において、「少子高齢化に伴う生産年齢人口の減少」「育児や介護との両立など働く方のニーズの多様化」などの問題から、働き方改革が指摘され、中央教育審議会はその実施を答申している（2019年1月）。長時間労働という働き方の中では、教員が疲弊し、結果として子どものためにはならないと考え、教員自らが人間性や創造性を高めることによって効果的な教育活動ができるとし、子どもと直接向き合う時間が確保されることを求めている。

また、教員の心身の健康維持が必要であり、地域と学校の連携などの学校内外での活動を進めて行くために、教員の負担軽減が可能な業務を改善し、学校組織マネジメント機能を活用することが期待されている。例えば、必ずしも教員が担う必要のない部活動については、部活動指導員等の外部人材を活用し、休日の部活動は運営主体を地域に置き、退職教員や地域の文化・スポーツ等の指導者が指導を行うことにより、「地域部活動」への転換を図ることが検討されている。

2. 教員集団と危機管理

1) 危機管理とは

今日、学校で起こりうるあらゆる事件・事故に対し、**危機管理体制**の整備、危機の予知・回避、危機発生時の対応、再発防止といった危機的状況に対応した総合的な取り組みが強く求められている。

「**危機管理**」とは「人の生命や心身等に危害をもたらすさまざまな危険が防止され、万一事件・事故が発生した場合には、被害を最小限にするために適切かつ迅速に対処すること」と定義づけられている。

「**危険**」には、自然災害、不審者侵入、感染症、事件・事故など様々なものが含まれる。

学校における危機管理は、いつどういったときでも危機的問題が発生するという意識からスタートすべきであるが、そのためすべての対策が管理的な発想のみで考えられがちである。しかし、学校には子どもたちがいて教職員がいるし、保護者や地域の人たちもかかわっているので、管理面だけを重視

しすぎると円滑な**学校経営**に影響を及ぼすことが懸念される。したがって、様々な人たちとの人間関係の観点も十分考慮して考えなければならない。

　危機はもともと予想できないことがある日突然起こることである。しかし、危機管理はその予想できないことを想定して対応することが求められる。突発の危機的状況においては、子どもや教職員は、個人的に精神的衝撃を受け、通常の判断ができなくなるので、教職員が有効に動けかつ効果的な指示が出せるよう、組織化された綿密な**マニュアルづくり**と常に危機的状況を想定して、マニュアルに基づき**実践的訓練**を十分しておくことが必要不可欠である。

2）教職員による危機管理意識の定着

　これまでの日本の社会は、世界で最も治安がよく、また、自然災害の対策なども進められてきたことから安全な社会といわれてきたが、いつの間にか治安が悪化し、大規模な災害等には迅速かつ適切な対応がとれないといった状況が生じるなど危険な社会へと急激に変化しつつある。こうした社会の変化にもかかわらず、子どもたちの教育を実践している学校は、一般的には安全・安心なところであると思われ、また、これまで危機管理の必要性があまりなかったことから危機管理の観点がなかなか定着してこなかったし、その組織を構成する教職員も危機に対する意識が希薄であったことは否めず、学校の対応が甘いという指摘については率直に反省しなければならない。しかし、人間社会の著しい発展により自然環境や社会状況が大きく変化し、危機的事態がいつ起こってもおかしくない中で、本来、子どもたちが安心して過ごせる場所であるはずの学校の安全神話も残念ながら崩れ去ってしまった。

　こうしたことから、学校における危機管理もこれまでの意識を変革し、危機的状況の回避に対しての一定の準備と迅速かつ適切な対応が強く求められ、危機管理は学校経営において絶対に欠かすことのできないものとなってきたのは当然のことであるといえる。ただ、危機管理の発想を、学校内で定着させることはそう簡単なことではない。なぜなら、子どもたちの教育という崇高な使命を担う教職員集団で構成されている学校という組織は、今日、社会に存在する企業など様々な他の組織が一貫性のある具体的な目標（例えば、企

業においては利益追求）に基づき組織活動が行われているのと比べ異なるものであるといえるからである。学校は、「**学校目標**」というきわめて抽象的かつ大きな指針については共通認識が図られているものの、個々の教員の日々の具体的な取り組み等の実践活動はそれぞれ様々であり、向き合う子どもたちの実態や教員としての経験等で異なるものであるといえる。

これまでの学校では、個々の教員の専門性と指導経験を尊重することで、ある程度有効に機能してきたものと考えられるが、そこで生じた様々な問題に対しては、教員個々の能力と経験によって対応がなされてきたケースが多いのが実情であろう。しかし、最近では、学校において起こる問題は複雑多様化し、その解決に困難を極めるものが増えてきており、これまで想定していなかった事案に直面したときには、教員自身の培ってきた個人の教育観と指導力や経験だけでは対応が不可能になってきたのである。すなわち学校も個人プレーが通用しなくなり、組織として機能していかなければならない組織プレーの時代になったという認識がなければならない。

3) 教員組織の特性と危機管理意識の向上

学校の危機管理において、学校という特殊な組織的背景を認識した上で、校長を中心とした管理職自身の**危機管理意識**を高めることは当然のことだが、管理職だけが意識を高めればただちに学校の危機管理力が向上するというものではない。

学校の危機管理力の向上には、全教職員の危機管理意識のさらなる高揚を図ることである。しかしながら、教職員の危機管理意識には個人差が大きく、リスク認知の欠如が大きな課題となっている。また、危機管理意識の前提となる「自分の勤務する学校においても、事件や事故は起こりうる」というような意識はあるが、実際のところ毎日緊張感を持つことや、稀にしか起こらない事件・事故等への意識は低く、「危機に対する対策を講じることは大切である」との認識はあっても、それが具体的な行動レベルにただちに結びつかないことが多いのが実情である。さらには、教職員の危機管理意識を向上させるには、情報提供や研修がきわめて重要であることは認識されているも

のの、実際に情報提供や研修が行われている学校の割合が低いのが実態である。

　このような実情をふまえ、まず、管理職である校長は、いつ自分の学校で危機的状況が発生するかもしれないという認識を常に持つことで、結果的に全教職員の意識向上につながっていくという心理的な面を十分意識することが重要である。また、最近では危機管理の対象が拡大し、不審者の侵入、教職員の**コンプライアンスやメンタルヘルス**問題、IT時代の個人情報等の取り扱い、**感染症対策、原子力災害**など、これまでの経験上ではことの重大さに気づかなかった点などが数多くある。しかし、気づかなかったとはいえ、結果的には大きな問題に発展したケースは後を絶たない。何が今重要なのか、時代の流れを敏感にとらえることのできる洗練された感覚も求められており、これはひとえに**情報収集能力**にかかっているといっても過言でない。新聞等の報道をこまめにチェックし、他校等で発生した問題はもちろんのこと様々な危機的事案について常に情報収集に努める態度は、危機管理意識の向上においては必須といえるだろう。

　全教職員の危機管理意識を高めていくためには、まずは、新聞報道等において、他校で起こった事案や社会問題となっている危機的問題の情報収集を行い、それを分析することである。そのことをもとにして自分の学校における危機管理の実態と課題を洗い出し比較検討することにより、抜け落ちている点やより強化すべき点などを明確にすることが重要である。人間とはわかっていても実感が湧かないことは往々にしてあるもので、そのため、結果的に危機管理対応が手遅れになってしまい、他校等での教訓が生かされなかったという事例は多い。次には、分析や検証結果をもとに自分の学校で同様の危機が起きたことを想定してシミュレーションし、実践的訓練を念入りに実施することである。これらの過程を繰り返し行うことを通して、危機的状況下において、教職員全員が適切に行動できる体制をつくり上げ、全教職員でその重要性を共有するとともに、より積極的に備え、かかわっていこうとする意識や態度を身につけさせることで危機管理意識を向上させることができる。

4) 児童・生徒を守る学校の安全管理・危機管理システムの確立

国は 2008 年 6 月に、学校における安全・安心な環境を確保し、子どもの心身を守り育むことのできる確かな指導体制を築くため、これまでの「学校保健法」を全面的に改正し、第 3 章として学校安全を加え、法律の名称も改称し「**学校保健安全法**」を制定（2009 年 4 月施行）した。この法の制定の趣旨を待つまでもなく、安全・安心な学校づくりを具体的かつ有効に進めていく取り組みが、今日改めて学校に強く求められている。

この法律に規定された学校において実施されなければならない事項等をもとに学校の**安全管理**と**危機管理システムの確立**について取り組むべきことや主な留意点等について述べる。

(1) 学校安全計画の策定

学校安全計画は、安全教育の各種計画に盛り込まれる内容と安全管理の内容とを統合し、全校的な立場から、年間を見通した安全に関する諸活動の総合的な基本計画として教職員の共通理解のもとで立案、策定すること。

(2) 学校環境（施設または設備等）の安全確保

① 校舎等建築物の耐震化の推進　　学校設置者（教育委員会）が取り組まなければならないことであるが、学校としても設置者に強く働きかける必要がある。阪神・淡路大震災における被害をふまえ、学校の耐震化が加速的に進められてきたが、東日本大震災の発生で学校の**耐震化**は待ったなしとなった。1 日も早くすべての学校の建築物の耐震化を実現しなければならない。

② 施設（建築物）・設備の維持管理　　常日頃から安全確保の観点から危険な個所・状況等がないかどうかの点検を怠ることなく、危険な個所・状況が見つかれば、速やかに危険回避の措置を講じるとともに、早急に改修等を行うなど、常に安全な状況を維持しておく必要がある。

③ セキュリティ機器の整備促進　　暴漢等の侵入を未然に防止するために、学校の実情をふまえ、**セキュリティ機器**（テレビインターホンや防犯カメラ等）の整備を進めなければならない。

④ AED（自動体外式除細動機）の配備　　すべての学校に配備されるとともに、教職員・生徒等に **AED** の使用方法等について習得させ、**心肺蘇生法**

をはじめとする応急手当ができるよう取り組む必要がある。

　(3)　危険等発生時対処要領 (危機管理マニュアル) の作成

　児童・生徒の安全を確保するために「**危険等発生時対処要領**」(以下「危機管理マニュアル」という) を作成しておかなければならない。「**危機管理マニュアル**」は、どこの学校にもあてはまる一般的なものは存在しない。学校の立地場所や児童・生徒の実態など学校の実情に沿った学校手づくりで独自のマニュアルをすべての教職員の参加のもとで作成し、実効性のあるものにすることが何よりも重要である。「危機管理マニュアル」の作成にあたっては、最悪のケースを想定すること、必要な対応・手順・役割分担等を明示すること、警察、消防、学校医など専門的な立場からの助言を得て作成するなどに留意する必要がある。

　(4)　危機管理マニュアルの周知、訓練の実施

　「危機管理マニュアル」の周知という点においては、必ずすべての教職員の参加のもとで作成することが大前提である。しかし、マニュアルを作成したことで目的を達したと思い安心してしまい、実際に明示されている必要な対応・手順・役割分担等を常に意識している教職員がどれだけいるかである。すべての教職員が常に内容を熟知し、実際の行動に結びつけていけるように機会あるごとに何度も繰り返し読み込むことなどで、共有されてこそ周知である。その上でマニュアルに基づきシュミレーションし、実践的訓練をしておくことで、より積極的に備え、かかわっていこうとする意識や態度を身につけなければならない。実際には訓練してきた以上のことはできないのであり、偶然や「まぐれ」に期待して訓練を怠れば危機管理はおぼつかない。

5)　児童・生徒に対する安全教育・防災教育

　安全教育は、児童・生徒が安全について必要な事柄を理解し、これを日常生活に適用し、常に安全な行動ができるようにすることをねらいとする。

　安全教育は、児童・生徒の安全についての知識や技能の習得を目指す安全学習と、子どもたち自身が、日常生活の中に存在する様々な危険を自分で認識し、また、それを予測して回避するなど安全に行動できるような力を育成

する安全指導とから成り立つ。あわせて、自他の生命を尊重し他の人々や、集団の安全を確保するための適切な判断や対処ができる能力を培う必要がある。安全教育の重要性はこれまで以上に高まっており、児童・生徒の各発達段階に応じて適切に指導していくことが今、学校教育に求められている。

　1999年大阪教育大学付属池田小学校で発生し日本中に衝撃が走った痛ましい事件をはじめ、学校へ不審者が侵入し、子どもや教職員が殺傷される事件が起こる中で、このような危機が発生した場合に、児童・生徒が速やかに危機から逃れ、生命を守る能力を身につけさせる教育がより一層求められ、様々な取り組みが進められている。また、1995年の**阪神・淡路大震災**以降それまでの**防災対策**や**安全・防災教育**が見直されてきたが、2011年に発生した「想定外」という言葉が繰り返された東日本大震災の被災地での教訓をふまえ、改めて安全教育・防災教育の重要性が叫ばれ、新たな取り組みが模索されている。2012年4月に出された文部科学省の「**学校安全の推進に関する計画**」でも、「教科などで安全教育の指導時間を確保できるよう検討する必要がある」との方針が示されたが、安全教育の指導時間を具体的にどう確保し、いかに実践していくかについてはまだまだ定着しているとはいえないのが実情である。しかし、大災害等がいつ起きてもおかしくない状況において、「子どもたちの生命を守る」という重い責務を負う教員にとって安全教育は待ったなしであり、当面は、限られた時間枠の中で、安全・防災教育にどのように取り組むのかは各学校現場で工夫するなど手探りの努力を続ける必要がある。

6）保護者や地域住民と一体となった子どもを守る取り組み

　「**開かれた学校づくり**」と学校の安全確保との関係は、決して両者は対立するものではなく、むしろ、「開かれた学校づくり」をより一層推進する観点から、学校が積極的に**学校教育情報**を提供し、学校と地域社会の協働により子どもたちの安全を守ることが基本であり、保護者、地域住民、警察等関係機関の協力を得て、子どもたちの安全確保を図っていく必要性がこれまで以上に高まっている。

「釜石の奇跡」は防災教育の成果

○全校児童が週に1回校庭から隣接する裏山の中腹まで、全力で駆け上がる津波からの避難訓練の実施

○教室に緊急地震速報の警報が鳴り響くが、いっさい指示等を出さないで、子どもたちが机の下に素早く身を隠すなど自ら考え、ここなら安全と判断した場所で身の安全を確保するという自ら考え行動する避難訓練の実施

このように、今、全国各地の学校現場で防災教育に関する様々な新しい取り組みが始まっている。これらの新たな取り組みの教訓となったのが東日本大震災のときに、子どもたちが津波から逃げ切り命を守った「釜石の奇跡」といわれるものである。

東日本大震災では、「想定外」という言葉が繰り返されたが、岩手県釜石市の小・中学生のほとんど（99.8％）が津波から逃れ、命を守りきった。このことは、「釜石の奇跡」として大きく報道され、語り継がれるとともに全国において学校での防災教育の重要性が改めて認識されることとなった。

大震災が起こる数年前から釜石市で防災教育に取り組んできた片山敏幸（群馬大学教授）は、「懸命に津波から逃げた釜石の子どもたちの行動は称賛されるべきだし、防災教育の成果であることは間違いない」「釜石でうまくいったのは、学校の教職員が防災教育に熱心に取り組むとともに家庭や地域を巻き込んで取り組んできたことが大きい」と語っている。まさに、これまでの熱心な取り組みがあったからこそ子どもたちは自らの命を守れたということであり、奇跡というよりも実践的かつ効果的な防災教育を継続してきたことによるものであるといえる。

○釜石の子どもを守った津波避難の3原則
「想定にとらわれるな」「最善を尽くせ」「率先して避難せよ」

（1）　開かれた学校づくり

学校は保護者等との連携を強化し、多くの人々が学校教育活動へ参加する機会を設けたり、保護者間のネットワークづくりを進めることにより、保護者同士や保護者と子どもが互いに顔と名前が一致する人間関係づくりの構築を図る。

①「**学校評議員会**」「**地域学校協働本部**」などにおいて学校の安全確保について協議

②保護者や地域住民等が、授業や学校行事等の学校教育活動に参加、協力することで、保護者や地域住民同士、また子どもたちとの良好な人間関係

づくり

③授業参観の工夫（保護者と子どもが一緒に活動する等）によるわが子の友だちやその保護者との親子相互の人間関係づくり

（2） 地域における教育コミュニティづくり

地域社会の共有財産である学校を地域の核とし、地域の様々な人々が「協働」の関係によって、**教育コミュニティ**を形成する中で、子どもを守る取り組みを推進する。

①「地域学校協働本部」の設置と活動の一環としての子どもを守る取り組みを推進

・校区のパトロール等監視体制の強化

・「**子ども110番の家**」の周知、活性化と「**安全マップ**」の作成・配布

・警察等との連携・協力による**防犯・防災教室**などの**安全学習会**の実施

②保護者、地域住民と連携した通学路等における安全対策の充実

（3） 学校保健委員会の設置促進と活性化

健康問題をはじめ学校安全に関する問題に適切に対処できる**学校保健委員会**の全校設置と積極的かつ効果的な活用を推進する。

7） 身体の傷病への対応と心のケア

学校等において危機的状況（大災害や事件・事故）が発生した場合に、最も大切でまず第一に取り組まなければならないのは、児童・生徒の生命や安全を守ることはいうまでもない。このことは、どんな場合でも最優先事項であることは誰もが認識しているところである。

身体に大きな傷病を負ったり、意識がなくなっているような状態の者が発生した現場においては、まずすぐに人を呼び、救急車を要請するとともに、生命を救う迅速かつ的確な対処が重要である。**バイタルサイン**（意識、脈拍、呼吸数、血圧、体温）のチェックを行った上、一時救命措置や **AED** の使用による除細動など現場での応急処置は欠かせない。

応急処置を行う時には、常に**ショック予防**について考えることが大切である。ショックに対しての予防は治療の数十倍にまさるといわれている。一般

に医師は、①顔面蒼白、②虚脱、③冷汗、④脈拍触知不能、⑤呼吸不全の5つの徴候があればショック状態と判断している。応急処置においては、①原因の除去、②適切なショック体位、③保温、④安静の4つは欠かせない。そのほかに、①水分補給、②嘔吐への配慮、③ショックの予防などがあげられる。

　身体の傷病に対しては、これらの応急処置等の迅速かつ的確な対処と医療機関における適切な治療とケアにより、命をとりとめ、傷病は回復に向かったとしても、大きな災害や事件・事故に遭遇し、深い悲しみや生死にかかわる恐怖の体験などから、大きな精神的衝撃を受け、心が不安定になることが多い。このような体験をした者（児童・生徒や教職員）は、被害の事実を受け止めることができず、悲嘆したり、怒ったりと混乱状態に陥ってしまい、心に大きな傷を残す可能性があり、心のケアが十分に行われないと、**PTSD（外傷後ストレス障害）**を生ずる場合がある。したがって、心のケアのための支援体制の確立が必要である。

　心のケアが効果的に行われるためには、日頃から教育相談活動や健康相談活動が学校の教育活動に明確に位置づけられ、円滑に運営されていることが大切である。また、**スクールカウンセラー**の配置等を通じた学校と専門家（精神科医や臨床心理士等）や専門機関との連携も必要である。

　学校、家庭、専門家等が連携を密にし、恐怖体験をした人の心の健康状態を把握し、あたたかい気持ちで接し、心のケアを十分に行っていくことで、回復を図っていくことが重要である。

8）教員のメンタルヘルス

　文部科学省によると、2018年度中の精神性疾患による教員の休職者数は5212人となっている。この数は2002年度の2687人の約2倍で、ここ10年ほどは毎年5000人を超える高い水準が続いている。

　学校教育は、教員と児童・生徒との人格的な触れ合いを通じて行われるものであり、教員が**メンタルヘルス**不調になれば、子どもの人格形成に与える影響はきわめて大きい。メンタルヘルス不調者が著しく増加してきている現

状は、教員自身の危機であるといえると同時に学校教育にとっても危機であるともいえる。そのため、学校における予防的な取り組みをはじめとしたメンタルヘルス対策の充実・推進は大きな課題である。

　今日、教員はストレスの最大要因として「多忙である」と感じている者が70%を超え、多くの教員が教科学習指導等の職務に関するストレスよりも、時間的余裕のなさや仕事の煩雑感を意識しており、対処も困難と考えられているという報告もある。精神性疾患の発症の原因は職場内におけるものがほとんど（93%）であるといわれている。特に、メンタルヘルス不調を訴える教員の多くが生徒指導に関してストレスを感じており、続いて同僚・管理職との関係が多い。生徒指導でストレスを感じた教員が保護者対応でストレスを感じるケースが多い。近年、保護者の高学歴化、学校に対する価値観の多様化、権利意識の強まりなど、保護者側の変化が指摘され、学校および教員に対する要求やクレーム等も増加し、かつ多様化している。そのため教員はそれぞれの保護者に合わせて指導スタイルを変えながら柔軟かつ適切に対応していける力を身につけるとともに、クレーマーに対しては毅然とした態度で対処できることがこれまで以上に強く求められるようになった。こうした保護者との関係性は、教員としての役割を曖昧にしたり、役割葛藤を引き起こし、教員のメンタルヘルスに影響しているものと思われる。

9）これからの学校経営における危機管理

　学校にとって、子どもたちの生命を守り安全を確保することは、最大の責務であり、**危機管理**は学校経営において絶対に欠かすことのできないものであり、不断の努力によって適切に対処できるのである。

　危機管理においては、①安全な環境を整備し、災害、事件・事故等の発生を未然に防止するための事前の危機管理、②発生時に適切かつ迅速に対処し、被害を最小限に抑えるための発生時の危機管理、③危機がいったん収まった後、心のケアや授業再開など通常の生活を取り戻すとともに、再発の防止を図る事後の危機管理の三段階の危機管理にしっかりと対応できるものでなければならない。

危機管理の鉄則は最悪を想定して、最善の準備をしておくことである。そのため、すべての教職員が危機管理の意識を共有することが、最も重要であり、危機的状況のもとで、教職員全員が機動的に行動できるかどうかは、危機的状況を危機として全教職員がしっかりと認識し、その社会的重要性を共有することにかかっているといえる。それは絶対に避けて通ることができないことであり、様々な課題への対応において基本となる。

　危機管理は、全教職員による危機意識の共有のもと、日常の学校経営において、機動性や組織的一体性が確保されているとともに、家庭や地域の関係機関等と十分な連携が図られておれば、適切な対応がとれるだろう。

◆引用・参考文献
大阪府教育委員会　2001　「学校における児童・生徒の安全を確保するために」
大阪府教育委員会　2004　「子どもの安全管理に関する取組事例修『があど』」
窪田眞二・小川友次　2020　『教育法規便覧 2020』学陽書房
阪根健二　2009　『学校の危機管理最前線』教育研究開発所
竹内啓三　2010　『学校教員の現代的課題』法律文化社、pp.185-197
㈶日本スポーツ振興センター　2003　「学校における突然死予防必携」
㈶日本スポーツ振興センター　2012　「学校管理下の死亡・障害事例と事故防止の留意点」
文部科学省　2010　「『生きる力』をはぐくむ学校での安全教育」
文部科学省　2012　「いじめ、学校安全に関する総合的な取組方針」
文部科学省　2012　「教員のメンタルヘルス対策について（中間まとめ）」

Ⅱ章

保護者や地域住民との連携・協力

1. 学校・家庭・地域の連携・協力の動向

1) 近年の学校・家庭・地域の連携・協力をめぐる動向

　近年、保護者や地域住民に学校運営や、授業や放課後の活動にかかわることを求める、「**開かれた学校づくり**」や**学校・家庭・地域の連携・協力**に関する一連の制度や事業が推進されている。これらの制度・事業は、今までの学校のあり方を大きく問い直すものである。

（1）　学校運営への保護者・地域住民の参加

　一方で学校運営については、1998 年の中央教育審議会答申「今後の地方教育行政の在り方について」で、「学校の自主性・自律性」を確立するための１つの方法として、地域住民の学校運営への参画が提言された。これを受けて、2000 年４月から学校教育法施行規則が改正され、学校評議員制度が導入されている。**学校評議員**とは、「当該学校の職員以外の者で教育に関する理解及び識見を有するもののうちから、校長の推薦により、設置者が委嘱する」ものを指す。その役割は、「校長の求めに応じ、学校運営に関し、意見を述べること」にある。ただし、学校評議員は個人としての見解を述べるに留まり、学校運営に関する公式の権限は有していない。

　2004 年には、地方教育行政の組織および運営に関する法律（地教行法）の一部が改正され、**学校運営協議会**の設置が可能となった。学校運営協議会は、「学校運営、教職員人事について関与する一定の権限を有する合議制の機関」であり、この仕組みによって、保護者や地域住民が一層の責任と権限をもって学校運営に参加できる道筋が開かれた。学校運営協議会を導入している学

校は毎年増加し、2019年5月現在、全国で695市区町村および22道府県7601校に設置されている（表3-Ⅱ-1参照）。2017年3月に地教行法が改正され、学校運営協議会の設置が努力義務化されたことによって、設置数は今後も増加する見込みである。学校運営協議会を設置した成果として、学校と地域との情報共有や、特色ある学校づくりが進んだこと、学校に対して地域が協力的になったこと、地域と連携した取り組みが組織的に行えるようになったことなどがあげられている（佐藤 2018）。一方で、運用上の課題として、委員の社会的構成の偏りや代表性の担保、意思決定の過程や影響力の問題などが指摘されることもある（佐藤 2017）。

（2） 保護者・地域住民との連携・協力の推進

他方で、保護者や地域住民に、授業や放課後の活動にボランティアとしてかかわることを求める動きも進んでいる。2006年には、教育基本法が改正され、第13条に「学校、家庭及び地域住民その他の関係者は、教育におけるそれぞれの役割と責任を自覚するとともに、相互の連携及び協力に努めるものとする」との条項が新設された。これに続いて2008年には社会教育法が改正され、第3条第3項に「国及び地方公共団体の任務」として、「学校、家庭及び地域住民その他の関係者相互間の連携及び協力の促進に資することとなるよう努める」との条項が追加された。

これらの法改正を受けて、2008年より**学校支援地域本部事業**が、国の委託事業として実施されることになった。この事業は「学校教育の充実」「生涯学習社会の実現」「地域の教育力の向上」の3点を目的として、中学校区を範囲に「学校支援地域本部」の設置を進める事業だった。地域本部は、「地域コーディネーター」「学校支援ボランティア」「地域教育協議会」の3つから構成される（ただし、名称は各自治体・地域によって異なる）。このうち、「地域コーディネーター」は学校とボランティア、そしてボランティア間の連絡調整を行うもの、「学校支援ボランティア」は、学校の教育活動の支援などを行う保護者・地域住民のことを指す。「地域教育協議会」は「学校支援地域本部」において、どのような支援を行うかといった方針について企画・立案を行う組織のことである。

表 3-Ⅱ-1　「地域学校協働活動推進事業」の実施状況と「学校運営協議会」の設置状況

	2015 年度	2016 年度	2017 年度	2018 年度	2019 年度
地域学校協働 本部整備数 （市区町村数）	4,146 （642）	4,527 （669）	5,168 （716）	6,190 （772）	6,503 （789）
地域未来塾 実施数 （市区町村数）	1,751 （322）	2,587 （472）	2,813 （515）	2,995 （557）	3,316 （566）
放課後子供 教室実施数 （市区町村数）	14,392 （1,077）	16,027 （1,097）	17,615 （1,098）	18,749 （1,171）	19,260 （1,194）
学校運営協議 会設置学校数 （市区町村数）	2,389 （235）	2,806 （285）	3,600 （367）	5,432 （532）	7,601 （695）

出所）文部科学省「学校と地域でつくる学びの未来」の中の「実施状況」より。
https://manabi-mirai.mext.go.jp/torikumi/chiiki-gakko/R1jissijyoukyou.pdf

　この委託事業は 3 ヶ年で終了したが、2011 年度からは、放課後子供教室（放課後や週末に小学校の余裕教室などを活用し、地域住民の協力を得て、児童・生徒に勉強やスポーツ、文化芸術活動、地域住民との交流の機会を提供する事業）や、家庭教育支援事業（家庭教育に関する情報提供や学習機会の提供、リーダー養成を行う事業）と一体化した形で、「学校・家庭・地域の連携協力推進事業」という、国の補助事業の一部として実施されることになった（2016 年度まで）。これらの事業に加えて、2014 年度からは土曜日の教育活動の推進、2015 年度からは地域未来塾（中学生・高校生を対象に、大学生や教員 OB などの地域住民の協力や ICT の活用による学習支援を行う事業）も実施されている。2020 年度からは「地域と学校の連携・協働体制構築推進事業」として、**社会に開かれた教育課程**の実現に向けて、各事業が継続して実施されている（表 3-Ⅱ-1 参照）。

（3）　地域学校協働活動への展開

　さらに、近年では、**地域とともにある学校**」を目指して、地域住民や様々な団体の参加による**地域学校協働活動**の推進が図られるようになった。2015 年の中央教育審議会答申「新しい時代の教育や地方創生の実現に向けた学校と地域の連携・協働の在り方」では、「支援」から「連携・協働」、「個別の活動」から「総合化・ネットワーク化」を目指して、学校支援地域本部や放課後子供教室などを基盤とした、地域学校協働本部の組織化が提言された。

この内容を具体化するため、2016 年に「『次世代の学校・地域』創生プラン」が策定され、2017 年には社会教育法が改正された。この法改正により、教育委員会の役割に地域学校協働活動の推進の項目が加わり、この活動を推進するコーディネーター役として、**地域学校協働活動推進員**（社会教育法第 9 条）を委嘱できることとなった。

（4）　学校・家庭・地域の連携・協力が推進される背景

これらの制度や事業の目的は、教職員の意識改革を促し、「地域とともにある学校」を実現することにある。教職員は、これまで保護者や地域住民の学校へのかかわりについて、自身の負担の軽減につながる「労働力」としての役割は歓迎しても、学校運営や授業などの「鍵的領域」にはかかわりを持たれることを嫌う傾向があるとされてきた（岩永・佐藤 1992）。

しかし、近年では、児童・生徒に求められる能力は、（計算能力や読み書き能力といった）認知的なものだけでなく、（自律性や協調性などの）非認知的な領域にまで広がっているとされている。そして、これらの能力の涵養のためには学校の取り組みだけでは十分でなく、家庭や地域社会との協力関係を築くことが重要であると考えられている（OECD 教育研究革新センター 1998、2011）。加えて、学校評議員や学校運営協議会という制度がつくられた背景には、学校が保護者や地域住民に対し、学校運営や授業内容について積極的にアカウンタビリティー（説明責任）を果たしていくことが重要であるという考え方がある。このような背景のもと、保護者や地域住民が、学校と目標やビジョンを共有した上で、一体となって子どもたちを育むことが目指されている。

2）学社連携から学社融合へ

これらの学校・家庭・地域の連携・協力をめぐる動きは、それ以前の「学社連携」や「学社融合」と呼ばれる動きの延長線上に位置づけられるもので、「外部」の社会に学校を開いて行く試みの 1 つとしてとらえられる。

（1）　学社連携論の登場

学社連携とは 1971 年の社会教育審議会答申「急激な社会構造の変化に対処する社会教育のあり方について」で提起された考え方である。答申では、「こ

れまでわが国では、学校教育に大きな期待がかけられることから、家庭や社会の持つ教育的役割がじゅうぶん認識されなかったり、三者の有機的な関連が見失われたりする傾向がみられた。このような傾向が少年の全人的な成長にとって、問題を生じさせやすいことは明らかである」とし、「家庭、学校及び社会で行われる教育が、それぞれ独自の役割を発揮しつつ全体として調和を保って進められることが極めて重要である」とされている。

　この答申は学校教育、社会教育、家庭教育が連携することの重要性を指摘する理念的なものであった。これ以降、地域住民や保護者への学校施設の開放や、学校による社会教育施設（図書館、博物館、公民館など）の利用という形で、具体的な試みが始まっていく。

　例えば、現在でも続いているのが、千葉県市川市の公共図書館と学校図書館のネットワーク化事業である。同市では、1989年よりこの取り組みを実験的に開始し、1993年から図書の相互貸借を始め、現在、市内のすべての公立幼稚園、小学校、中学校、養護学校、高等学校が参加している。この取り組みでは中央図書館の全面的なバックアップを受けて「物流ネットワーク」を構築し、公共図書館を起点に2台の配送車が週2回、全64校（園）を一巡している。貸出期間は4週間で、貸出冊数は制限がなく、年間5〜6万冊の図書が貸借されている。この事業の目的は、図書館の有効利用や、読書活動、調べ学習を推進することにある。このネットワークをつくるにあたって、1979年から全小・中学校に司書の資格を持った学校司書、学校図書館職員または、読書指導員を配置した点も特筆できる。

（2）　学社連携から学社融合へ

　この学社連携という考え方に基づき、それまで異なる活動を行ってきた学校教育、社会教育、家庭教育の間に協力関係を築くことが目指されることになった。しかし、多くの地域では、学校教育や社会教育という枠組みを前提とし、部分的にお互いの施設や機材などを貸したり、利用させたりする動きに留まった。その結果、プログラムを共同で開発したり、協力して活動を行ったりする動きには、なかなかつながらなかった。

　この反省をふまえて、1990年代中頃に提起されたのが、**学社融合**という

考え方である。この考え方について、1996 年の生涯学習審議会答申「地域における生涯学習機会の充実方策について」では、「学校教育と社会教育が、それぞれの役割分担を前提とした上で、そこから 1 歩進んで、学習の場や活動など両者の要素を部分的に重ね合わせながらも、一体となって取り組んでいこうとする考え方であり、学社連携の最も進んだ形態」であるとしている。つまり、学社融合とはそれ以前の学社連携の考え方を一歩進めて、学校教育と社会教育が協働して教育に取り組んで行こうとする考え方のことを指す。

（3）　学社融合の展開

この学社融合の考え方を具体化した例として、公民館や青少年教育施設に児童・生徒が一定期間泊まり込んで衣食住をともにし、学校に通う「通学合宿」の試みがあげられる。また、学校による博物館の利用を促進するため、学校教員と博物館職員の人事交流を行ったり、児童・生徒向けの教材や資料の開発をともに行ったりする「博学連携」「博学融合」という動きも見られた。

さらに、地域住民が学校の活動に積極的にかかわろうとする動きも見られ始めた。例えば、千葉県木更津市の学校支援ボランティア活動推進事業、千葉県習志野市秋津小学校区でのコミュニティルームの開設、栃木県鹿沼市の学校図書館ボランティアの導入などがあげられる。これらの活動は、それぞれ異なる背景・文脈のもとで始められたものであるが、学校に保護者・地域住民が積極的にかかわるようになったという点で全国的に注目された事例である。

3）「地域教育」の仕組みづくりと、学校支援の成果

この学社連携・学社融合の動きをさらに拡大し、教職員や社会教育施設の職員だけでなく、これまで副次的な役割を担ってきた保護者や地域住民にも広く教育に携わることを求めるようになったのが、2000 年代以降の動きである。

（1）「地域教育」の仕組みづくり

「地域教育」という言葉は、このような動きを端的に示すものである。学校支援地域本部事業が始められる前から、都道府県レベルでは市町村に専門の職員を派遣し、学社融合や、学校・家庭・地域の連携・協力を促進しよう

とする動きが見られていた。高知県の「地域教育指導主事」(1997 年度〜2005 年度) や、島根県の「地域教育コーディネーター派遣事業」(1999 年度〜2008 年度)、大分県の「地域協育振興モデル事業」(2005 年度〜2007 年度) がその例である。また、京都市の「地域教育専門主事室」(1997 年度〜2007 年度) は、校長を専門職として登用し、いじめや不登校対策、地域人材の活用、開かれた学校づくりに取り組もうとするものであった。これらの試みで意識されていたのは、学校・家庭・地域の連携・協力を進めるために、関係者や関係する機関の間につながりをつくり、信頼関係を形成することであった。そのために、仲介役・調整役となる**コーディネーター**が配置されることになった。

　この**地域教育**をより組織的に進めようとした例として、大阪府の「地域教育協議会」があげられる。「地域教育協議会」は、2000 年度以降、同府下の 334 中学校区で学校・家庭・地域の「協働」による「教育コミュニティ」の形成を目指して設置されているものである。東京都でも「地域教育プラットフォーム構想」(2005 年) に基づき、学校教育、家庭教育、社会教育を中間的に支援する基盤づくりを進めている。これらの試みは、従来の学校と地域の連携や協力が局所的なものであったことの反省をふまえて、組織的な支援の形を整え、連携・協力を推進していこうとするものである。

(2) 学校支援地域本部事業の成果と課題

　学校支援地域本部事業は、以上の施策の内容を反映し、コーディネーターを配置し、各地域で教育に関する組織体制を整備することを目的に進められてきた事業である。前述したように、2010 年代後半からは、学校支援地域本部を基盤に地域学校協働本部の整備が進められている。この際に、学校支援地域本部事業の成果や課題に関する調査が行われている (文部科学省生涯学習政策局社会教育課・国立教育政策研究所 2017)。

　この調査によれば、この事業により学校で実施されてきた活動としては、花壇や図書室の整備を含む校内環境整備が最も高く (72.9%)、続いて、登下校の安全指導 (63.3%)、地域と学校が連携・協働して行う地域独自の郷土学習 (54.7%)、地域行事に関わる活動 (54.3%) が高い割合を示していた。

　また、学校側が感じているこの事業の成果としては、「地域への理解・関

学校、家庭、地域の連携に NPO が果たす役割

　学校と地域の連携を考える上で、NPO（特定非営利活動法人）が果たす役割を見逃すことはできない。NPO は、行政や企業だけでは十分に応えきれない教育に対するニーズに、柔軟に対応できる可能性を有する。例えば、スクール・アドバイス・ネットワーク（2002 年設立）や、夢育支援ネットワーク（2000 年設立）、アスクネット（1999 年設立）といった NPO では、総合的な学習の時間や、キャリア教育、体験活動のコーディネートを行い、コーディネーターの養成事業にも取り組んでいる（NPO サポートセンター　2012）。

　また、認定 NPO 法人カタリバ（2001 年設立）は、高校生の進路意欲を高めることを目的として、ボランティアスタッフが高校を訪問し、座談会や、自身の体験談を話す「カタリ場」を開催してきた（上坂 2010）。東日本大震災以降は、2011 年に、宮城県女川町に女川向学館、岩手県大槌町に大槌臨学舎を開校し、地元の児童・生徒に対して放課後や土曜日の学習支援を行っている。被災以降、環境が整わず学習がままならなかった児童・生徒に対して、率先して学習支援の体制を整えた NPO の力に注目が集まっている。

心」(89.8%)、「コミュニケーション能力の向上」(88.7%)、「地域住民の生きがいづくり」(74.1%)、「学力の向上」(72.0%) などが高い割合を示していた。この一方で、この事業に何らかの課題を感じている学校も、3 分の 2 を超えていた。課題の内容としては、「地域との連携・協働に関する活動を教職員が行う余裕がない」(51.3%)、「コーディネーターの後継者が育成されていない」(32.7%)、「事業に対する学校・教職員の理解が不十分」(26.5%) などが上位を占めていた。

　以上のことから、学校支援地域本部事業は、校内環境整備や登下校の安全指導、地域との交流といった分野を中心に着実に成果を上げてきた一方で、学校側の推進体制やコーディネーターの育成といった点で課題を抱えていることがわかる。

4）保護者や地域住民との連携・協力のポイント

　このように、2000 年代に入り、学校に「外部」の視点を取り入れ、ボラ

ンティアとして協力を求める体制が整えられつつある。ただし、受け入れる側の学校の体制が依然として整っていないなど、課題も少なくない。保護者や地域住民との連携・協力を進める際に留意すべきは以下の３点である。

（1）　学校内の体制づくり

　第１に、学校が、地域住民や、保護者、関係機関の職員と積極的に連携・協力できるための体制づくりと、教職員の間での理解の促進である。学校の中には「外部」の保護者や地域住民の意見を取り入れ、協力を求めることの意義を理解せず、業務の増加を懸念する教職員も存在するかもしれない。これらの教職員の理解を高めていくためには、「外部」との連携・協力の必要性を訴えるだけでは十分でない。校内で活動の成果を共有し、教職員自らが積極的に連携・協力に取り組めるような環境づくりが求められる。

　「外部」との連携・協力を行うにあたって、校務分掌で担当を設けて対応しようとする学校も少なくない。このことは、担当者が責任を持って連携・協力を推進する点、保護者や地域住民にとっても協力する際の窓口が明確になるという点で積極的な意味を有する。ただし、担当が学校支援に関連する業務を一手に引き受けることで、他の教職員の連携に対する意識が高まらない場合には問題である。学校全体として、地域や家庭との連携を推進していくような体制づくりが重要となる。

（2）　目標の共有と情報交換

　第２に、学校と地域との間に良好な関係を構築していくためには、教職員と保護者、地域住民が共通の目標を持ち、さらにはその目標に照らして相互に活動を評価し合い、次の活動へとつなげていくことが重要となる。そのためには、学校の要望に合わせて、地域住民や保護者を「労働力」として一方的に活用するだけでなく、地域と一体となって子育てや教育を行っているという視点を持つことが必要となる。教職員は、児童・生徒の自律的な活動能力や、社会性を育むのに、地域住民や保護者の協力が不可決であると認識し、どのように連携・協力すればその目標を達成できるかを考えることが求められる。さらに、教職員自身が、コーディネーターや地域住民と情報交換を行い、地域の教育資源や、地域の人材を把握しようとすることも、「外部」の

人材を活用した授業や活動を長期的に展開していく上では不可決である。

（3）「関係的信頼」の構築

　第3に、日常的な活動と交流の中で教職員が、保護者、地域住民との間に信頼関係をつくり上げていくことである。学校と地域の連携を進めるにあたっては、コーディネーターや地域学校協働活動推進員が両者の架け橋として相互理解の促進に努め、両者の利害や意見が対立する際には、双方の間で調整を行っている。コーディネーターや推進員に学校の活動への深い理解と、地域についての知識の双方が求められるのも、この「仲介役」「緩衝材」としての性質に起因する。

　しかし、コーディネーターの活動は、信頼関係を構築するための十分条件ではない。保護者や地域住民は、授業や部活動、放課後の学習支援など様々な機会にボランティアとしてかかわり、教職員の活動や学校の対応を目にすることで、日常的に学校評価・教員評価を行っているものと考えられる。例えば、授業でボランティアを受け入れるにあたって、教職員は事前にどの程度準備をしているのか、授業終了後にボランティアの声を聴く機会を持っているのか、授業の区切り目で児童・生徒の様子をボランティアに報告する機会を設けているのか、こういった日常的な活動の積み重ねが、教職員と保護者・地域住民の間に「**関係的信頼**」（Bryk & Schneider 2002）をつくり上げていくことにつながる。

　教職員は、一方で保護者や地域住民の活動によって大いに助けられることがあることを理解し、他方で「外部」から常に「評価」されているのだという感覚を持って、連携・協力を行っていくことが重要である。

2.　連携・協力の意義と課題

1）保護者や地域住民との連携・協力が求められる背景

（1）　教育における「連携・協力」の理念

　2006年に改正された**教育基本法**は、第13条で、「学校、家庭及び地域住民その他の関係者は、教育におけるそれぞれの役割と責任を自覚するととも

に、相互の連携及び協力に努めるものとする」と定めている。その後、教育基本法第17条第1項の規定に基づき、教育の振興に関する施策の総合的かつ計画的な推進を図るために、2008年、「教育振興基本計画」が閣議決定された。この「教育振興基本計画」では、策定時からおおむね10年先を見通した教育の目指すべき姿と、5年間に総合的かつ計画的に取り組む施策が示された。2018年に閣議決定された第3期教育振興基本計画でも「家庭・地域の教育力の向上」と「学校との連携・協働の推進」に言及し、「地域社会との様々な関わりを通じて、これからの時代に必要な力や、地域への愛着や誇りを子供たちに育むとともに、地域のコミュニティの核として、地域に信頼される学校づくりを進めるため、学校と地域の連携・協働体制を構築し、地域が人を育て、人が地域をつくる好循環を実現することが、地域の発展の担い手となる人材を育てる観点からも重要」(p.24) と述べられている。

(2) 学校分権と「開かれた学校づくり」

現代国家は、「国際化」という超国家化の動きと、国内における地方への「分権化」の動きの双方からの圧力にさらされているといわれている（森田 2002）。そのような中で、日本の公教育も大きな転換を求められている。

行財政改革や地方分権改革などの「分権化」によって、多くの公共サービス部門では、地方への権限移譲と規制緩和が行われた。そのような流れの中で、学校への権限移譲も徐々に進められてきた。結果として多くの自治体で、学校に一層の自律性と自助努力を求めるにいたっている。そして、2000年の学校評議員、2004年の学校運営協議会の制度化によって、保護者・地域住民が学校運営に参加する道を開くこととなった。

ただし、このような学校への分権化と「**開かれた学校づくり**」の要請は、行政改革や地方分権改革だけを要因とするものではない。

「21世紀を展望した我が国の教育の在り方について」（中央教育審議会第一次答申、1996年）では、第4章「学校・家庭・地域社会の連携」の中で、「子供たちの教育は、単に学校だけでなく、学校・家庭・地域社会が、それぞれ適切な役割分担を果たしつつ、相互に連携して行われることが重要である」と述べられている。そして、現状認識として、次のような学校の問題点が指摘

されている。例えば、いじめや不登校の問題に対する学校の対応に、学校内での出来事や学校の取り組みを外部に漏らすまいとする傾向を強く感じることがある点や、時間的にも心理的にも学校の占める比重が高く、そのことが子どもたちの学校外での生活体験や自然体験の機会を少なくしている点などである。そして今後については、学校が家庭や地域社会に積極的な働きかけを行い、家庭や地域社会とともに子どもたちを育てていくという視点に立った学校運営を心がけること、学校がもっと**地域の教育力**を生かし、家庭や地域社会の支援を受けることに積極的であること、学校が本来の役割を有効に果たし、学校・家庭・地域社会における教育のバランスをよりよくしていくことなどが大切である点が述べられている。

　さらに近年、「新しい時代の教育や地方創生の実現に向けた学校と地域の連携・協働の在り方と今後の推進方策について」（中央教育審議会答申、2015 年）では、今なぜ、学校と地域の連携・協働が必要なのかについて、次のような理由をあげている（pp.7-9）。第 1 に、これからの時代を生き抜く力の育成である。ここでは、「子供たちの生きる力は、学校だけで育まれるものではなく、家庭における教育はもちろんのこと、多様な人々と関わり、様々な経験を重ねていく中で育まれるもの」と指摘されている。第 2 に、地域に信頼される学校づくりの必要性である。これにより、「地域住民や保護者等が学校運営に対する理解を深め、積極的に参画することで、学校をより良いものにしていこうという当事者意識を高め、子供の教育に対する責任を社会的に分担していくことができる」と述べられている。その他、第 3 に地域住民の主体的な意識への転換の観点、第 4 に地域における社会的な教育基盤の構築の観点、第 5 には、社会全体で、子供たちを守り、安心して子育てできる環境を整備する観点があげられている。以上のような観点から、学校と地域が相互補完的に連携・協働し、共有した目標のもとに、対等な立場で活動することが重要とされている。

（3）　グローバル化と「新しい能力」

　連携の背景の 2 つ目は、グローバル化の進行による「国際化」である。教育にかかわるこれらの影響は、「新しい能力」の議論として顕在化してきた。

国際社会を担う人材を育成していくためには、従来からとらえられてきた「学力」の向上だけを目指すのでは不十分である、という認識が広まってきている。松下（2010）が整理しているように、初等・中等教育分野では**生きる力**（中央教育審議会答申「21世紀を展望した我が国の教育の在り方について」1996年）、「人間力」（内閣府「人間力戦略研究会報告書」2003年）の育成が目指され、高等教育や職業教育分野では、「就職基礎能力」（厚生労働省「若年者基礎能力習得のための目安策定委員会報告書」2004年）、「社会人基礎力」（経済産業省「社会人基礎力に関する研究会『中間とりまとめ』報告書」2006年）、「学士力」（文部科学省「学士課程教育の構築に向けて」2008年）をどのように向上させられるかに関心が集まっている。また、労働政策分野では「エンプロイヤビリティ」（日本経営者団体連盟「エンプロイヤビリティの確立をめざして」1999年）といった能力概念も示されている。このような能力概念に対し、概念定義が曖昧であるというような批判、あるいは結果的に階層を再生産する誘因となるのではないかという懸念も示されているが（本田 2005、平塚 2006 など）、政治、労働、福祉、教育の各領域で必要とされる能力を明確化し、能力の涵養に有用な方策を検討する試みが進められつつあるのは、日本のみならず国際的な流れでもある（Keating *et al.* 2009、二宮ほか 2004）。近年、OECD（経済開発協力機構）や CoE（欧州評議会）、EU（欧州連合）といった国際機関で、知識やスキルを意味する狭義の「学力」ではなく、より包括的な能力概念としての「新しい能力」についての議論が活発化している。

（4）　国際的な能力概念としてのキー・コンピテンシー

OECD は、DeSeCo（「コンピテンシーの定義と選択：理論的・概念的基礎」）プロジェクトを 1999 年より開始し、個人と社会にとって必要な能力の把握と、評価の指標の枠組みを開発してきた。開発にあたっては各国間での協議が行われると同時に、専門家や関係者への意見聴取、各国のカリキュラムや報告が分析された。この過程で、コミュニケーション・スキル、リテラシーやニューメラシーなどの能力を各国で共通して重視していることが明らかになった（Trier 2003）。そして、このような、各国で共通に必要とされる能力を中心に「**キー・コンピテンシー**」の定義がなされたのである。ここで定義され

た「キー・コンピテンシー」は、「認識面、非認識面を含む心理的な必要条件を動員して、特定の状況において複雑な要求を首尾よく満たす能力」のことを指しており、表3-Ⅱ-2の通り、①「道具を相互作用的に用いる力」、②「異質な集団で交流する力」、③「自律的に活動する力」の3つのカテゴリーと、その下位カテゴリーから構成される（OECD 2005=2006）。

　このような「キー・コンピテンシー」概念を基礎として、OECDは、成人や児童・生徒の能力の国際比較調査に取り組んでいる（深町 2008）。この国際比較調査とは、例えば、「国際成人リテラシー調査（IALS）」「成人のリテラシーとライフスキル調査（ALL）」「**生徒の学習到達度調査（PISA）**」「**国際成人力調査（PIAAC）**」などである。

　このように、OECDをはじめとする国際機関の動向に共通するのは、従来の狭義の「学力」概念（知識やスキルなど）が拡張され、関心や価値といった潜在的な要素や、感情や態度、行為や行動といった表出的要素までをも含む広義の能力概念が「新しい能力」として提起されたことである（松下 2010）。これにより、これまでは学校教育課程を通して育成・向上させるべき能力とは必ずしも意識化されてこなかった非認知的能力もが、社会的に生きていくために必要不可欠な「能力」として、同一の枠組みの中で包括的にとらえられるようになった。

表3-Ⅱ-2　DeSeCoによる「キー・コンピテンシー」の定義

〈カテゴリー1〉 道具を相互作用的 に用いる力	(1A) 言語、記号、テクストを相互作用的に用いる力 (1B) 知識や情報を相互作用的に用いる力 (1C) 技術を相互作用的に用いる力
〈カテゴリー2〉 異質な集団で 交流する力	(2A) 他者と良好な関係をつくる力 (2B) 協力する力 (2C) 争いを処理し、解決する力
〈カテゴリー3〉 自律的に 活動する力	(3A) 大きな展望の中で活動する力 (3B) 人生計画や個人的計画を設計し、実行する力 (3C) 自らの権利、利害、限界やニーズを表明する力

出所）OECD（2005=2006）。

2)「新しい能力」とサービス・ラーニング

(1)「サービス・ラーニング」とは

　以上のように、これからの教育が目指すべき方向性は、子どもたちの「新しい能力」の育成・向上を目指すために、学校が保護者や地域住民と連携しながら自律的に運営されていくことだと理解できる。ただし、そのような理念を理解できたとしても、その理念を実現していくために、学校として、あるいは教職員として、具体的に何をどのようにしていけばよいのか、という疑問が生まれるかもしれない。

　そこで近年とみに注目されているのが、「**サービス・ラーニング**」である。「サービス・ラーニング」は、学校の教育活動の一環として児童・生徒に**ボランティア活動**を経験させること、というように理解されている。しかし、必ずしも、ボランティア活動を経験させれば「サービス・ラーニング」になる、というわけではない。

　この「サービス・ラーニング」は、アメリカに由来する考え方である。ただし、その歴史は浅く、唐木（2010 p.20）によれば、アメリカで今日的な意味での「サービス・ラーニング」が学校教育に導入されたのは、1990 年に成立した「国家およびコミュニティ・サービス法（以下、サービス法）」が契機となっている。このサービス法は、初等中等教育から高等教育までの学校教育段階の生徒・学生を中心的な対象としつつも、その延長線上に、一般成人や高齢者のサービス活動までを視野に入れた包括的な法律となっている。

　サービス法における「サービス・ラーニング」の定義は、以下のようなものである（唐木 2010）。

　「サービス・ラーニング」とは、次のような性格を有する方法を意味する。

　（A）その方法の下で、生徒あるいは参加者は、注意深く組織されたサービスへの活動的な参加を通して学習し成長する。

　（ⅰ）その場合のサービスは、コミュニティにおいて実施され、コミュニティのニーズに取り組むものであり、

　（ⅱ）初等学校・中等学校・高等教育機関、コミュニティ・サービ

ス・プログラム、コミュニティそのものに統合されたものであり、

　　（ⅲ）市民的責任を育むことを援助するものである。

　（B）さらに、サービス・ラーニングは、

　　（ⅰ）生徒の学問的なカリキュラム、あるいは、コミュニティ・サー
　　ビス・プログラムの教育的要素に統合され、また、それを高めるもの
　　であり、

　　（ⅱ）生徒あるいは参加者がサービスの経験を振り返るために必要と
　　なる構造化された時間を提供するものである。（唐木 2010 p.21）

　つまり、ここでいわれている「サービス・ラーニング」とは、生徒や参加者の市民的責任を育むことを目的としながら、地域活動であるサービスの実践が学校のカリキュラムやコミュニティ教育の中で行われるプログラムなどに統合されているもの、ということである。よって、学校のカリキュラムともコミュニティ教育とも切り離されたボランティア活動は、「サービス・ラーニング」には含まれないといえるだろう。

（2）　サービス・ラーニングの必要条件

　さらに唐木（2010 pp.189-190）は、サービス・ラーニングを成立させる3つの必要条件として、「**プロジェクト型の学習**」「**リフレクション**」「**カリキュラム統合**」の3点に言及している。まず、「プロジェクト型の学習」における「プロジェクト」とは、「生徒が問題を発見し、その問題を分析し、最終的に問題を解決するにいたる一連の学習プロセスを意味する」という。よって、1日限りのボランティア活動はこれに含まれない。「プロジェクト型の学習」によって、生徒は長期にわたる継続的な学びを得ることができる。そして、このような長期間の学びを可能にするために欠かせないのが、「リフレクション」である。「リフレクション」は、日本語で「振り返り」や「省察」ともいわれる。さらには、サービス活動そのものを深化・発展させるために、そのサービス活動で扱っている問題や事柄に関する学問的知識も必要となる。そこで、学校カリキュラムの中にこのような学習活動を明確に位置づける「カリキュラム統合」という考え方も求められる。

コルブの「経験学習」

　学習にとって具体的な経験と**リフレクション**が重要であることを説明する枠組みとして、コルブ（Kolb 1984）の「経験学習」理論がしばしば用いられる。コルブは、学習の過程を「具体的経験」「省察的観察」「抽象的概念化」「活動的実験」の4つの学習モードによって説明した。そしてこの4つがサイクルとして連続することが「経験学習」であるとされている。

　これらをサービス・ラーニングに引きつけていえば、ここでの学習の過程は次のようにいえるだろう。地域コミュニティにおけるサービスとして具体的な経験をする中で、感じたことや観察したことを振り返り、考える。経験に基づいて考えたことを分析・統合することによってモデル化・理論化し、それを次の活動に活かしていく、ということである。ここでは、具体的経験として、実際に社会的文脈の中で活動し体験することが有効であり、それを理論化していく際には、学問的な蓄積に裏づけられた知識やスキルも有効となる。このように、具体的な経験と抽象的な概念化に必要なコミュニティ・サービスとラーニングをサイクルとして継続的に行っていくことが、サービス・ラーニングの実質だととらえることができる。

（3）「サービス・ラーニング」の効果

　「サービス・ラーニング」とは1つの教育方法である。そして、今日の「サービス・ラーニング」は、市民的責任を育むことを主要な目的の1つに据えている、ということも先に紹介した通りである。ただし、教育方法として「サービス・ラーニング」を実施しなくても、自ら積極的にボランティア活動に従事し、その経験の中で意欲的に振り返り、考え、それを学問的な学習へとつなげることのできる自律的な学習者もいないわけではない。よって、あらゆる人に対して「サービス・ラーニング」が必要である、ということでも、あらゆる人に対して「サービス・ラーニング」が顕著な効果を発揮する、ということでもない。

　しかしながら、多くの研究によって、「サービス・ラーニング」には一定の効果があることが示されている。例えば、サービス・ラーニングによって、生徒の自己効力感を強化させることができる（Kendrick 1996）。より高い学業達成を実現させ（Markus *et al.* 1993, Reeb *et al.* 1999）、コミュニケーション・ス

キルを向上させ（Tucker & McCarthy 2001）、市民的関与や社会的責任感を促し（Gilies & Eyler 1994, McCarthy & Tucker 2002）、就業に際して求められる価値・姿勢などの特質やアイデンティティ形成にも有効だとされる（Taylor & Pancer 2007）。また、サービス・ラーニングは、将来も地域での様々なボランティア活動にかかわろうとする生徒の意欲を向上させる効果もある（McCarthy & Tucker 2002, Taylor & Pancer 2007）。さらにこの効果は、地域でのボランティア活動の利点に関する講義と組み合わせることによって、さらに高まるともいわれている。ただし、講義のみでは将来的な意欲には効果がないことも同時に示されている（McCarthy & Tucker 2002）。以上のように、経験的な学習としてのサービス・ラーニングは、生徒の価値や態度にかかわる学習について、教室内で行われる学習指導の弱点を補完する効果がある（Markus *et al.* 1993）。

3) 連携・協力の推進と教職のあり方

　学校が保護者や地域住民と連携して、子どもたちの幅広い能力育成に努めていくことは、学校だけの問題ではなく、将来の社会の担い手を育成するという視点から重要であるといえる。このような連携によって、学校にかかる負担、教員が負うべき負担が軽くなる面も重くなる面もあるかもしれない。しかし、それは学校の役割の質的な変化として説明されるべきであって、学校が担うべき責任それ自体が必ずしも量的に軽くなったり重くなったりするわけではない。ただ、子どもの教育にかかわって、組織としての学校や個々の教職員が、社会の多様な組織や個人と連携していくためには、相応の労力や知識・スキルなどを要することも確かであろう。

　このような現代においては、教職のあり方も変化していかなくてはならない。学校が保護者や地域住民と連携しながら子どもの「新しい能力」を育成していくためには、例えばサービス・ラーニングのプログラムを効果的に実施していくための力量が、教職員にも求められることになる。このように、教職員が行うべき学習指導・学習支援の方法やあり方にも変化が求められている。このような変化に対応するためにも、今後ますます、教職員自らが自

律的で能動的な学習者であり続けることが期待される。

◆引用・参考文献

岩永定・佐藤義彦　1992　「親の学校教育参加に関する調査研究」『鳴門教育大学研究紀要 教育科学編』Vol. 7、pp.199-215

上坂徹　2010　『カタリバという授業—社会起業家と学生が生み出す"つながりづくり"の場としくみ—』英治出版

NPO サポートセンター監修　2012　『教育関係 NPO 事例集　Vol. 1 まなぶ』第一書林

OECD 教育革研究革新センター編、中嶋博・山西優二・沖清豪訳　1998　『親の学校参加—良きパートナーとして—』学文社

OECD 教育革研究革新センター編、矢野裕俊監訳　2011　『教育と健康・社会的関与—学習の社会的成果を検証する—』明石書店

唐木清志　2010　『アメリカ公民教育におけるサービス・ラーニング』東信堂

佐藤晴雄　2017　『コミュニティ・スクールの成果と展望—スクール・ガバナンスとソーシャル・キャピタルとしての役割—』ミネルヴァ書房

佐藤晴雄　2018　「学校運営協議会による派生活動の実態と校長の成果認識・運営評価」佐藤晴雄編『コミュニティ・スクールの全貌—全国調査から実相と成果を探る—』風間書房、pp.53-61

二宮皓・中矢礼美・下村智子・佐藤仁　2004　「Competency-Based Curriculum に関する比較研究」『カリキュラム研究』13、pp.45-59

平塚眞樹　2006　「移行システム分解過程における能力観の転換と社会関係資本—『質の高い教育』の平等な保障をどう構想するか？—」『教育学研究』73(4)、pp.391-402

深町珠由　2008　「OECD による PIAAC（国際成人技能調査）の開発動向」『日本労働研究雑誌』50（8）、pp.53-61

本田由紀　2005　『多元化する「能力」と日本社会—ハイパー・メリトクラシー化のなかで—』NTT 出版

松下佳代　2010　「〈新しい能力〉概念と教育」『〈新しい能力〉は教育を変えるか—学力・リテラシー・コンピテンシー—』ミネルヴァ書房、pp.1-42

文部科学省生涯学習政策局社会教育課・国立教育政策研究所　2017　『平成 27 年度地域学校協働活動の実施状況アンケート調査報告書』

森田朗　2002　「分権化と国際化」松下圭一・西尾勝・新藤宗幸編『自治体の構想 課題』岩波書店、pp.23-41

Bryk, A. S. & Schneider, B.　2002　*Trust in Schools: A Core Resource for Improvement*, Russell Sage Foundation

Gilies Jr. D. E. & Eyler, J.　1994　"The impact of a college community service laboratory on students' personal, social, and cognitive outcomes," *Journal of Adolescence*, 17(4), pp.327-339

Keating, A., Ortloffb, H.D. & Philippou, S.　2009　"Introduction: Citizenship education curricula: the changes and challenges presented by global and European integration," *Journal of Curriculum Studies*, 41(2), pp.145-158

Kendrick, J. R.　1996　"Outcomes of Service-Learning in an Introduction to Sociology Course," *Michigan Journal of Community Service Learning*, 3, pp.72-81

Kolb D. A.　1984　*Experiential Learning: Experience as The Source of Learning and Development*, Prentice Hall

Markus, G. B., Howard, J. F. & King, D. C.　1993　"Integrating Community Service and Classroom Instruction Enhances Learning: Results From an Experiment," *Educational Evaluation and Policy Analysis*, 15(4), pp.410-419

McCarthy, A. M. & Tucker, M. L.　2002　"Encouraging Community Service through Service Learning," *Journal of Management Education*, 26, pp.629-647

OECD　2005　"The Definition and Selection of Key Competencies: Executive Summary."（立田慶裕訳　2006　「コンピテンシーの定義と選択」立田慶裕監訳『キー・コンピテンシー―国際標準の学力をめざして―』明石書店、pp.199-224）

Reeb, R. N., Sammon, J. A. & Isackson, N. L.　1999　"Clinical application of the service-learning model in psychology: Evidence of educational and clinical benefits," *Journal of Prevention and Intervention in the Community*, 18, pp.65-82

Taylor, T. P. & Pancer, S. M.　2007　Community service experiences and commitment to volunteering. *Journal of Applied Social Psychology*, 37, pp.320-345

Trier, U. P.　2003　"Key Competencies in OECD Countries: Similarities and Differences," D. S. Rychen., L. H. Salganik & M. E. McLaughlin (eds.) *Second Contributions to the 2nd DeSeCo Symposium*, Swiss Statistical Office, pp.25-64

Tucker, M. L. & McCarthy, A. M.　2001　"Presentation Self-Efficacy: Increasing Communication Skills through Service-Learning," *Journal of Managerial Issues*, 13(2), pp.227-244

●資　料

教育基本法（平成 18 年法律第 120 号）

前文

我々日本国民は、たゆまぬ努力によって築いてきた民主的で文化的な国家を更に発展させるとともに、世界の平和と人類の福祉の向上に貢献することを願うものである。我々は、この理想を実現するため、個人の尊厳を重んじ、真理と正義を希求し、公共の精神を尊び、豊かな人間性と創造性を備えた人間の育成を期するとともに、伝統を継承し、新しい文化の創造を目指す教育を推進する。ここに、我々は、日本国憲法の精神にのっとり、我が国の未来を切り拓く教育の基本を確立し、その振興を図るため、この法律を制定する。

第 1 章　教育の目的及び理念

（教育の目的）

第 1 条　教育は、人格の完成を目指し、平和で民主的な国家及び社会の形成者として必要な資質を備えた心身ともに健康な国民の育成を期して行われなければならない。

（教育の目標）

第 2 条　教育は、その目的を実現するため、学問の自由を尊重しつつ、次に掲げる目標を達成するよう行われるものとする。

1　幅広い知識と教養を身に付け、真理を求める態度を養い、豊かな情操と道徳心を培うとともに、健やかな身体を養うこと。

2　個人の価値を尊重して、その能力を伸ばし、創造性を培い、自主及び自律の精神を養うとともに、職業及び生活との関連を重視し、勤労を重んずる態度を養うこと。

3　正義と責任、男女の平等、自他の敬愛と協力を重んずるとともに、公共の精神に基づき、主体的に社会の形成に参画し、その発展に寄与する態度を養うこと。

4　生命を尊び、自然を大切にし、環境の保全に寄与する態度を養うこと。

5　伝統と文化を尊重し、それらをはぐくんできた我が国と郷土を愛するとともに、他国を尊重し、国際社会の平和と発展に寄与する態度を養うこと。

（生涯学習の理念）

第 3 条　国民一人一人が、自己の人格を磨き、豊かな人生を送ることができるよう、その生涯にわたって、あらゆる機会に、あらゆる場所において学習することができ、その成果を適切に生かすことのできる社会の実現が図られなければならない。

（教育の機会均等）

第 4 条　すべて国民は、ひとしく、その能力に応じた教育を受ける機会を与えられなければならず、人種、信条、性別、社会的身分、経済的地位又は門地によって、教育上差別されない。

②　国及び地方公共団体は、障害のある者が、その障害の状態に応じ、十分な教育を受けられるよう、教育上必要な支援を講じなければならない。

③　国及び地方公共団体は、能力があるにもかかわらず、経済的理由によって修学が困難な者に対して、奨学の措置を講じなければならない。

第 2 章　教育の実施に関する基本

（義務教育）

第 5 条　国民は、その保護する子に、別に法律で定めるところにより、普通教育を受けさせる義務を負う。

②　義務教育として行われる普通教育は、各個人の有する能力を伸ばしつつ社会において自立的に生きる基礎を培い、また、国家及び社会の形成者として必要とされる基本的な資質を養うことを目的として行われるものとする。

③　国及び地方公共団体は、義務教育の

機会を保障し、その水準を確保するため、適切な役割分担及び相互の協力の下、その実施に責任を負う。

④　国又は地方公共団体の設置する学校における義務教育については、授業料を徴収しない。

（学校教育）

第6条　法律に定める学校は、公の性質を有するものであって、国、地方公共団体及び法律に定める法人のみが、これを設置することができる。

②　前項の学校においては、教育の目標が達成されるよう、教育を受ける者の心身の発達に応じて、体系的な教育が組織的に行われなければならない。この場合において、教育を受ける者が、学校生活を営む上で必要な規律を重んずるとともに、自ら進んで学習に取り組む意欲を高めることを重視して行われなければならない。

（大学）

第7条　大学は、学術の中心として、高い教養と専門的能力を培うとともに、深く真理を探究して新たな知見を創造し、これらの成果を広く社会に提供することにより、社会の発展に寄与するものとする。

②　大学については、自主性、自律性その他の大学における教育及び研究の特性が尊重されなければならない。

（私立学校）

第8条　私立学校の有する公の性質及び学校教育において果たす重要な役割にかんがみ、国及び地方公共団体は、その自主性を尊重しつつ、助成その他の適当な方法によって私立学校教育の振興に努めなければならない。

（教員）

第9条　法律に定める学校の教員は、自己の崇高な使命を深く自覚し、絶えず研究と修養に励み、その職責の遂行に努めなければならない。

②　前項の教員については、その使命と職責の重要性にかんがみ、その身分は尊重され、待遇の適正が期せられると

ともに、養成と研修の充実が図られなければならない。

（家庭教育）

第10条　父母その他の保護者は、子の教育について第一義的責任を有するものであって、生活のために必要な習慣を身に付けさせるとともに、自立心を育成し、心身の調和のとれた発達を図るよう努めるものとする。

②　国及び地方公共団体は、家庭教育の自主性を尊重しつつ、保護者に対する学習の機会及び情報の提供その他の家庭教育を支援するために必要な施策を講ずるよう努めなければならない。

（幼児期の教育）

第11条　幼児期の教育は、生涯にわたる人格形成の基礎を培う重要なものであることにかんがみ、国及び地方公共団体は、幼児の健やかな成長に資する良好な環境の整備その他適当な方法によって、その振興に努めなければならない。

（社会教育）

第12条　個人の要望や社会の要請にこたえ、社会において行われる教育は、国及び地方公共団体によって奨励されなければならない。

②　国及び地方公共団体は、図書館、博物館、公民館その他の社会教育施設の設置、学校の施設の利用、学習の機会及び情報の提供その他の適当な方法によって社会教育の振興に努めなければならない。

（学校、家庭及び地域住民等の相互の連携協力）

第13条　学校、家庭及び地域住民その他の関係者は、教育におけるそれぞれの役割と責任を自覚するとともに、相互の連携及び協力に努めるものとする。

（政治教育）

第14条　良識ある公民として必要な政治的教養は、教育上尊重されなければならない。

②　法律に定める学校は、特定の政党を支持し、又はこれに反対するための政

治教育その他政治的活動をしてはならない。

（宗教教育）

第15条 宗教に関する寛容の態度、宗教に関する一般的な教養及び宗教の社会生活における地位は、教育上尊重されなければならない。

② 国及び地方公共団体が設置する学校は、特定の宗教のための宗教教育その他宗教的活動をしてはならない。

第3章　教育行政

（教育行政）

第16条 教育は、不当な支配に服することなく、この法律及び他の法律の定めるところにより行われるべきものであり、教育行政は、国と地方公共団体との適切な役割分担及び相互の協力の下、公正かつ適正に行われなければならない。

② 国は、全国的な教育の機会均等と教育水準の維持向上を図るため、教育に関する施策を総合的に策定し、実施しなければならない。

③ 地方公共団体は、その地域における教育の振興を図るため、その実情に応じた教育に関する施策を策定し、実施しなければならない。

④ 国及び地方公共団体は、教育が円滑かつ継続的に実施されるよう、必要な財政上の措置を講じなければならない。

（教育振興基本計画）

第17条 政府は、教育の振興に関する施策の総合的かつ計画的な推進を図るため、教育の振興に関する施策についての基本的な方針及び講ずべき施策その他必要な事項について、基本的な計画を定め、これを国会に報告するとともに、公表しなければならない。

② 地方公共団体は、前項の計画を参酌し、その地域の実情に応じ、当該地方公共団体における教育の振興のための施策に関する基本的な計画を定めるよう努めなければならない。

第4章　法令の制定

第18条 この法律に規定する諸条項を実施するため、必要な法令が制定されなければならない。

学校教育法（抄）

第1章　総則

第1条（学校の定義）　この法律で、学校とは、幼稚園、小学校、中学校、義務教育学校、高等学校、中等教育学校、特別支援学校、大学及び高等専門学校とする。

第2条（学校の設置者）　学校は、国（国立大学法人法〈平成15年法律第112号〉第2条第1項に規定する国立大学法人及び独立行政法人国立高等専門学校機構を含む。以下同じ。）、地方公共団体（地方独立行政法人法〈平成15年法律第118号〉第68条第1項に規定する公立大学法人を含む。次項において同じ。）及び私立学校法第3条に規定する学校法人（以下学校法人と称する。）のみが、これを設置することができる。

② この法律で、国立学校とは、国の設置する学校を、公立学校とは、地方公共団体の設置する学校を、私立学校とは、学校法人の設置する学校をいう。

第5条（設置者による管理・負担）　学校の設置者は、その設置する学校を管理し、法令に特別の定めのある場合を除いては、その学校の経費を負担する。

第6条（授業料の徴収）　学校においては、授業料を徴収することができる。ただし、国立又は公立の小学校及び中学校、義務教育学校、中等教育学校の前期課程又は特別支援学校の小学部及び中学部における義務教育については、これを徴収することができない。

第11条（児童・生徒・学生の懲戒）
校長及び教員は、教育上必要があると認めるときは、文部科学大臣の定めるところにより、児童、生徒及び学生に懲戒を加えることができる。ただし、体罰を加えることはできない。

第12条（健康診断等）　学校においては、別に法律で定めるところにより、幼児、児童、生徒及び学生並びに職員の健康の保持増進を図るため、健康診断を行い、その他その保健に必要な措置を講じなければならない。

第2章　義務教育

第16条（義務教育）　保護者（子に対して親権を行う者〈親権を行う者がないときは、未成年後見人〉をいう。以下同じ。）は、次条に定めるところにより、子に9年の普通教育を受けさせる義務を負う。

第17条（就学義務）　保護者は、子の満6歳に達した日の翌日以降における最初の学年の初めから、満12歳に達した日の属する学年の終わりまで、これを小学校、義務教育学校の前期課程又は特別支援学校の小学部に就学させる義務を負う。ただし、子が、満12歳に達した日の属する学年の終わりまでに小学校の課程、義務教育学校の前期課程又は特別支援学校の小学部の課程を修了しないときは、満15歳に達した日の属する学年の終わり（それまでの間においてこれらの課程を修了したときは、その修了した日の属する学年の終わり）までとする。

② 保護者は、子が小学校の課程、義務教育学校の前期課程又は特別支援学校の小学部の課程を修了した日の翌日以降における最初の学年の初めから、満15歳に達した日の属する学年の終わりまで、これを中学校、義務教育学校の後期課程、中等教育学校の前期課程又は特別支援学校の中学部に就学させる義務を負う。

第19条（就学の援助）　経済的理由によって、就学困難と認められる学齢児童又は学齢生徒の保護者に対しては、市町村は、必要な援助を与えなければならない。

第20条（学齢児童・生徒使用者の義務）　学齢児童又は学齢生徒を使用する者は、その使用によって、当該学齢児童又は学齢生徒が、義務教育を受けることを妨げてはならない。

第21条（教育の目標）　義務教育として行われる普通教育は、教育基本法〈平成18年法律第120号〉第5条第2項に規定する目的を実現するため、次に掲げる目標を達成するよう行われるものとする。

1　学校内外における社会的活動を促進し、自主、自律及び協同の精神、規範意識、公正な判断力並びに公共の精神に基づき主体的に社会の形成に参画し、その発展に寄与する態度を養うこと。

2　学校内外における自然体験活動を促進し、生命及び自然を尊重する精神並びに環境の保全に寄与する態度を養うこと。

3　我が国と郷土の現状と歴史について、正しい理解に導き、伝統と文化を尊重し、それらをはぐくんできた我が国と郷土を愛する態度を養うとともに、進んで外国の文化の理解を通じて、他国を尊重し、国際社会の平和と発展に寄与する態度を養うこと。

4　家族と家庭の役割、生活に必要な衣、食、住、情報、産業その他の事項について基礎的な理解と技能を養うこと。

5　読書に親しませ、生活に必要な国語を正しく理解し、使用する基礎的な能力を養うこと。

6　生活に必要な数量的な関係を正しく理解し、処理する基礎的な能力を養うこと。

7　生活にかかわる自然現象について、観察及び実験を通じて、科学的に理

解し、処理する基礎的な能力を養う
こと。
8　健康、安全で幸福な生活のために
必要な習慣を養うとともに、運動を
通じて体力を養い、心身の調和的発
達を図ること。
9　生活を明るく豊かにする音楽、美
術、文芸その他の芸術について基礎
的な理解と技能を養うこと。
10　職業についての基礎的な知識と技
能、勤労を重んずる態度及び個性に
応じて将来の進路を選択する能力を
養うこと。

第4章　小学校

第29条（教育の目的）　小学校は、心
身の発達に応じて、義務教育として行
われる普通教育のうち基礎的なものを
施すことを目的とする。

第30条（教育の目標）　小学校におけ
る教育は、前条に規定する目的を実現
するために必要な程度において第21
条各号に掲げる目標を達成するよう行
われるものとする。

②　前項の場合においては、生涯にわた
り学習する基盤が培われるよう、基礎
的な知識及び技能を習得させるととも
に、これらを活用して課題を解決する
ために必要な思考力、判断力、表現力
その他の能力をはぐくみ、主体的に学
習に取り組む態度を養うことに、特に
意を用いなければならない。

第31条（体験活動）　小学校においては、
前条第1項の規定による目標の達成に
資するよう、教育指導を行うに当たり、
児童の体験的な学習活動、特にボラン
ティア活動など社会奉仕体験活動、自
然体験活動その他の体験活動の充実に
努めるものとする。この場合において、
社会教育関係団体その他の関係団体及
び関係機関との連携に十分配慮しなけ
ればならない。

第37条（職員）　小学校には、校長、
教頭、教諭、養護教諭及び事務職員を
置かなければならない。

②　小学校には、前項に規定するものの
ほか、副校長、主幹教諭、指導教諭、
栄養教諭その他必要な職員を置くこと
ができる。

③　第1項の規定にかかわらず、副校長
を置くときその他特別の事情のあると
きは教頭を、養護をつかさどる主幹教
諭を置くときは養護教諭を、特別の事
情のあるときは事務職員を、それぞれ
置かないことができる。

④　校長は、校務をつかさどり、所属職
員を監督する。

⑤　副校長は、校長を助け、命を受けて
校務をつかさどる。

⑥　副校長は、校長に事故があるときは
その職務を代理し、校長が欠けたとき
はその職務を行う。この場合において、
副校長が二人以上あるときは、あらか
じめ校長が定めた順序で、その職務を
代理し、又は行う。

⑦　教頭は、校長（副校長を置く小学校
にあっては、校長及び副校長）を助け、
校務を整理し、及び必要に応じ児童の
教育をつかさどる。

⑧　教頭は、校長（副校長を置く小学校
にあっては、校長及び副校長）に事故
があるときは校長の職務を代理し、校
長（副校長を置く小学校にあっては、
校長及び副校長）が欠けたときは校長
の職務を行う。この場合において、教
頭が二人以上あるときは、あらかじめ
校長が定めた順序で、校長の職務を代
理し、又は行う。

⑨　主幹教諭は、校長（副校長を置く小
学校にあっては、校長及び副校長）及
び教頭を助け、命を受けて校務の一部
を整理し、並びに児童の教育をつかさ
どる。

⑩　指導教諭は、児童の教育をつかさど
り、並びに教諭その他の職員に対して、
教育指導の改善及び充実のために必要
な指導及び助言を行う。

⑪　教諭は、児童の教育をつかさどる。

⑫　養護教諭は、児童の養護をつかさど
る。

⑬　栄養教諭は、児童の栄養の指導及び管理をつかさどる。

⑭　事務職員は、事務に従事する。

⑮　助教諭は、教諭の職務を助ける。

⑯　講師は、教諭又は助教諭に準ずる職務に従事する。

⑰　養護助教諭は、養護教諭の職務を助ける。

⑱　特別の事情のあるときは、第1項の規定にかかわらず、教諭に代えて助教諭又は講師を、養護教諭に代えて養護助教諭を置くことができる。

⑲　学校の実情に照らし必要があると認めるときは、第9項の規定にかかわらず、校長（副校長を置く小学校にあっては、校長及び副校長）及び教頭を助け、命を受けて校務の一部を整理し、並びに児童の養護又は栄養の指導及び管理をつかさどる主幹教諭を置くことができる。

第5章　中学校

第45条（教育の目的）　中学校は、小学校における教育の基礎の上に、心身の発達に応じて、義務教育として行われる普通教育を施すことを目的とする。

第46条（教育の目標）　中学校における教育は、前条に規定する目的を実現するため、第21条各号に掲げる目標を達成するよう行われるものとする。

第5章の2　義務教育学校

第49条の2（教育の目的）　義務教育学校は、心身の発達に応じて、義務教育として行われる普通教育を基礎的なものから一貫して施すことを目的とする。

第49条の3（教育の目標）　義務教育学校における教育は、前条に規定する目的を実現するため、第21条各号に掲げる目標を達成するよう行われるものとする。

第6章　高等学校

第50条（教育の目的）　高等学校は、中学校における教育の基礎の上に、心身の発達及び進路に応じて、高度な普通教育及び専門教育を施すことを目的とする。

第51条（教育の目標）　高等学校における教育は、前条に規定する目的を実現するため、次に掲げる目標を達成するよう行われるものとする。

1　義務教育として行われる普通教育の成果を更に発展拡充させて、豊かな人間性、創造性及び健やかな身体を養い、国家及び社会の形成者として必要な資質を養うこと。

2　社会において果たさなければならない使命の自覚に基づき、個性に応じて将来の進路を決定させ、一般的な教養を高め、専門的な知識、技術及び技能を習得させること。

3　個性の確立に努めるとともに、社会について、広く深い理解と健全な批判力を養い、社会の発展に寄与する態度を養うこと。

第7章　中等教育学校

第63条（教育の目的）　中等教育学校は、小学校における教育の基礎の上に、心身の発達及び進路に応じて、義務教育として行われる普通教育並びに高度な普通教育及び専門教育を一貫して施すことを目的とする。

第64条（教育の目標）　中等教育学校における教育は、前条に規定する目的を実現するため、次に掲げる目標を達成するよう行われるものとする。

1　豊かな人間性、創造性及び健やかな身体を養い、国家及び社会の形成者として必要な資質を養うこと。

2　社会において果たさなければならない使命の自覚に基づき、個性に応じて将来の進路を決定させ、一般的な教養を高め、専門的な知識、技術及び技能を習得させること。

3　個性の確立に努めるとともに、社会について、広く深い理解と健全な批判力を養い、社会の発展に寄与する態度を養うこと。

教育公務員特例法（抜粋）

第21条（研修）　教育公務員は、その職責を遂行するために、絶えず研究と修養に努めなければならない。

② 教育公務員（公立の小学校等の校長及び教員〈臨時的に任用された者その他の政令で定める者を除く。以下この章において同じ。〉を除く。）の任命権者は、教育公務員の研修について、それに要する施設、研修を奨励するための方途その他研修に関する計画を樹立し、その実施に努めなければならない。

第22条（研修の機会）　教育公務員には、研修を受ける機会が与えられなければならない。

② 教員は、授業に支障のない限り、本属長の承認を受けて、勤務場所を離れて研修を行うことができる。

③ 教育公務員は、任命権者の定めるところにより、現職のままで、長期にわたる研修を受けることができる。

第22条の2（校長及び教員としての資質の向上に関する指標の策定に関する指針）　文部科学大臣は、公立の小学校等の校長及び教員の計画的かつ効果的な資質の向上を図るため、次条第一項に規定する指標の策定に関する指針（以下「指針」という。）を定めなければならない。

② 指針においては、次に掲げる事項を定めるものとする。

　1　公立の小学校等の校長及び教員の資質の向上に関する基本的な事項

　2　次条第一項に規定する指標の内容に関する事項

　3　その他公立の小学校等の校長及び教員の資質の向上を図るに際し配慮すべき事項

③ 文部科学大臣は、指針を定め、又はこれを変更したときは、遅滞なく、これを公表しなければならない。

第22条の3（校長及び教員としての資質の向上に関する指標）　公立の小学校等の校長及び教員の任命権者は、指針を参酌し、その地域の実情に応じ、当該校長及び教員の職責、経験及び適性に応じて向上を図るべき校長及び教員としての資質に関する指標（以下「指標」という。）を定めるものとする。

② 公立の小学校等の校長及び教員の任命権者は、指標を定め、又はこれを変更しようとするときは、あらかじめ第22条の5第1項に規定する協議会において協議するものとする。

③ 公立の小学校等の校長及び教員の任命権者は、指標を定め、又はこれを変更したときは、遅滞なく、これを公表するよう努めるものとする。

④ 独立行政法人教職員支援機構は、指標を策定する者に対して、当該指標の策定に関する専門的な助言を行うものとする。

第22条の4（教員研修計画）　公立の小学校等の校長及び教員の任命権者は、指標を踏まえ、当該校長及び教員の研修について、毎年度、体系的かつ効果的に実施するための計画（以下この条において「教員研修計画」という。）を定めるものとする。

② 教員研修計画においては、おおむね次に掲げる事項を定めるものとする。

　1　任命権者が実施する第23条第1項に規定する初任者研修、第24条第1項に規定する中堅教諭等資質向上研修その他の研修（以下この項において「任命権者実施研修」という。）に関する基本的な方針

　2　任命権者実施研修の体系に関する事項

　3　任命権者実施研修の時期、方法及び施設に関する事項

　4　研修を奨励するための方途に関する事項

　5　前各号に掲げるもののほか、研修の実施に関し必要な事項として文部

科学省令で定める事項

③ 公立の小学校等の校長及び教員の任命権者は、教員研修計画を定め、又はこれを変更したときは、遅滞なく、これを公表するよう努めるものとする。

第22条の5（協議会） 公立の小学校等の校長及び教員の任命権者は、指標の策定に関する協議並びに当該指標に基づく当該校長及び教員の資質の向上に関して必要な事項についての協議を行うための協議会（以下「協議会」という。）を組織するものとする。

② 協議会は、次に掲げる者をもつて構成する。

1　指標を策定する任命権者

2　公立の小学校等の校長及び教員の研修に協力する大学その他の当該校長及び教員の資質の向上に関係する大学として文部科学省令で定める者

3　その他当該任命権者が必要と認める者

③ 協議会において協議が調つた事項については、協議会の構成員は、その協議の結果を尊重しなければならない。

④ 前三項に定めるもののほか、協議会の運営に関し必要な事項は、協議会が定める。

第23条（初任者研修） 公立の小学校等の教諭等の任命権者は、当該教諭等（臨時的に任用された者その他の政令で定める者を除く。）に対して、その採用（現に教諭等の職以外の職に任命されている者を教諭等の職に任命する場合を含む。附則第5条第1項において同じ。）の日から1年間の教諭又は保育教諭の職務の遂行に必要な事項に関する実践的な研修（以下「初任者研修」という。）を実施しなければならない。

② 任命権者は、初任者研修を受ける者（次項において「初任者」という。）の所属する学校の副校長、教頭、主幹教諭（養護又は栄養の指導及び管理をつ

かさどる主幹教諭を除く。）、指導教諭、教諭、主幹保育教諭、指導保育教諭、保育教諭又は講師のうちから、指導教員を命じるものとする。

③ 指導教員は、初任者に対して教諭又は保育教諭の職務の遂行に必要な事項について指導及び助言を行うものとする。

第24条（中堅教諭等資質向上研修） 公立の小学校等の教諭等（臨時的に任用された者その他の政令で定める者を除く。以下この項において同じ。）の任命権者は、当該教諭等に対して、個々の能力、適性等に応じて、公立の小学校等における教育に関し相当の経験を有し、その教育活動その他の学校運営の円滑かつ効果的な実施において中核的な役割を果たすことが期待される中堅教諭等としての職務を遂行する上で必要とされる資質の向上を図るために必要な事項に関する研修（以下「中堅教諭等資質向上研修」という。）を実施しなければならない。

② 任命権者は、中堅教諭等資質向上研修を実施するに当たり、中堅教諭等資質向上研修を受ける者の能力、適性等について評価を行い、その結果に基づき、当該者ごとに中堅教諭等資質向上研修に関する計画書を作成しなければならない。

第25条（指導改善研修） 公立の小学校等の教諭等の任命権者は、児童、生徒又は幼児（以下「児童等」という。）に対する指導が不適切であると認定した教諭等に対して、その能力、適性等に応じて、当該指導の改善を図るために必要な事項に関する研修（以下「指導改善研修」という。）を実施しなければならない。

② 指導改善研修の期間は、1年を超えてはならない。ただし、特に2年を超えない範囲内で、これを延長することができる。

地方教育行政の組織及び運営に関する法律（抜粋）

第1条（この法律の趣旨）　この法律は、教育委員会の設置、学校その他の教育機関の職員の身分取扱その他地方公共団体における教育行政の組織及び運営の基本を定めることを目的とする。

第1条の2（基本理念）　地方公共団体における教育行政は、教育基本法（平成18年法律第120号）の趣旨にのっとり、教育の機会均等、教育水準の維持向上及び地域の実情に応じた教育の振興が図られるよう、国との適切な役割分担及び相互の協力の下、公正かつ適正に行われなければならない。

第1条の3（大綱の策定等）　地方公共団体の長は、教育基本法第17条第1項に規定する基本的な方針を参酌し、その地域の実情に応じ、当該地方公共団体の教育、学術及び文化の振興に関する総合的な施策の大綱（以下単に「大綱」という。）を定めるものとする。

②　地方公共団体の長は、大綱を定め、又はこれを変更しようとするときはあらかじめ、次条第1項の総合教育会議において協議するものとする。

③　地方公共団体の長は、大綱を定め、又はこれを変更したときは、遅滞なく、これを公表しなければならない。

④　第1項の規定は、地方公共団体の長に対し、第21条に規定する事務を管理し、又は執行する権限を与えるものと解釈してはならない。

第1条の4（総合教育会議）　地方公共団体の長は、大綱の策定に関する協議及び次に掲げる事項についての協議並びにこれらに関する次項各号に掲げる構成員の事務の調整を行うため、総合教育会議を設けるものとする。

1　教育を行うための諸条件の整備その他の地域の実情に応じた教育、学術及び文化の振興を図るため重点的に講ずべき施策

2　児童、生徒等の生命又は身体に現に被害が生じ、又はまさに被害が生ずるおそれがあると見込まれる場合等の緊急の場合に講ずべき措置

②　総合教育会議は、次に掲げる者をもつて構成する。

1　地方公共団体の長

2　教育委員会

③　総合教育会議は、地方公共団体の長が招集する。

④　教育委員会は、その権限に属する事務に関して協議する必要があると思料するときは、地方公共団体の長に対し、協議すべき具体的事項を示して、総合教育会議の招集を求めることができる。

⑤　総合教育会議は、第1項の協議を行うに当たって必要があると認めるときは、関係者又は学識経験を有する者から、当該協議すべき事項に関して意見を聴くことができる。

⑥　総合教育会議は、公開する。ただし、個人の秘密を保つため必要があると認めるとき、又は会議の公正が害されるおそれがあると認めるときその他公益上必要があると認めるときは、この限りでない。

⑦　地方公共団体の長は、総合教育会議の終了後、遅滞なく、総合教育会議の定めるところにより、その議事録を作成し、これを公表するよう努めなければならない。

⑧　総合教育会議においてその構成員の事務の調整が行われた事項については、当該構成員は、その調整の結果を尊重しなければならない。

⑨　前各項に定めるもののほか、総合教育会議の運営に関し必要な事項は、総合教育会議が定める。

地方公務員法（抜粋）

第6節　服務

第30条（服務の根本基準）　すべて職員は、全体の奉仕者として公共の利益のために勤務し、且つ、職務の遂行に当つては、全力を挙げてこれに専念しなければならない。

第31条（服務の宣誓）　職員は、条例の定めるところにより、服務の宣誓をしなければならない。

第32条（法令等及び上司の職務上の命令に従う義務）　職員は、その職務を遂行するに当つて、法令、条例、地方公共団体の規則及び地方公共団体の機関の定める規程に従い、且つ、上司の職務上の命令に忠実に従わなければならない。

第33条（信用失墜行為の禁止）　職員は、その職の信用を傷つけ、又は職員の職全体の不名誉となるような行為をしてはならない。

第34条（秘密を守る義務）　職員は、職務上知り得た秘密を漏らしてはならない。その職を退いた後も、また、同様とする。

②　法令による証人、鑑定人等となり、職務上の秘密に属する事項を発表する場合においては、任命権者（退職者については、その退職した職又はこれに相当する職に係る任命権者）の許可を受けなければならない。

③　前項の許可は、法律に特別の定がある場合を除く外、拒むことができない。

第35条（職務に専念する義務）　職員は、法律又は条例に特別の定がある場合を除く外、その勤務時間及び職務上の注意力のすべてをその職責遂行のために用い、当該地方公共団体がなすべき責を有する職務にのみ従事しなければならない。

第36条（政治的行為の制限）　職員は、政党その他の政治的団体の結成に関与し、若しくはこれらの団体の役員となつてはならず、又はこれらの団体の構成員となるように、若しくはならないように勧誘運動をしてはならない。

第37条（争議行為等の禁止）　職員は、地方公共団体の機関が代表する使用者としての住民に対して同盟罷業、怠業その他の争議行為をし、又は地方公共団体の機関の活動能率を低下させる怠業的行為をしてはならない。又、何人も、このような違法な行為を企て、又はその遂行を共謀し、そそのかし、若しくはあおつてはならない。

②　職員で前項の規定に違反する行為をしたものは、その行為の開始とともに、地方公共団体に対し、法令又は条例、地方公共団体の規則若しくは地方公共団体の機関の定める規程に基いて保有する任用上又は雇用上の権利をもつて対抗することができなくなるものとする。

第38条（営利企業等の従事制限）　職員は、任命権者の許可を受けなければ、営利を目的とする私企業を営むことを目的とする会社その他の団体の役員その他人事委員会規則（人事委員会を置かない地方公共団体においては、地方公共団体の規則）で定める地位を兼ね、若しくは自ら営利を目的とする私企業を営み、又は報酬を得ていかなる事業若しくは事務にも従事してはならない。

②　人事委員会は、人事委員会規則により前項の場合における任命権者の許可の基準を定めることができる。

第7節　研修及び勤務成績の評定

第39条（研修）　職員には、その勤務能率の発揮及び増進のために、研修を受ける機会が与えられなければならない。

②　前項の研修は、任命権者が行うものとする。

③　地方公共団体は、研修の目標、研修

に関する計画の指針となるべき事項その他研修に関する基本的な方針を定めるものとする。

④　人事委員会は、研修に関する計画の立案その他研修の方法について任命権者に勧告することができる。

あとがき

　耐水性能を持つ時計にはwater-proofとの表示があるように、かつてアメリカでは、ティーチャー・プルーフ（teacher-proof）カリキュラムといって、どんな教師が使ってもそこそこに授業ができるような教材や、誰でもが使える教授法を開発することによって学校教育の質の向上を図ろうとした時代があった。教師の質に期待せず、教材や教授法を規格化することで、教育の質を担保するという考え方である。インターネットをはじめICT環境がめざましく普及した今日、便利な教材を共有し、新たな教授法を知ったりするのにさして苦労はいらなくなった。しかし、それによって教育と子どもの学習の成果はめざましく向上したであろうか。残念ながら、そうではないというのが大方の見方であろう。教材や教授法を進化させる努力ももちろん必要だが、それ以上に、そうした教材や教授法を創造的に用いて子どもの学習に豊かな内実を与える教師の役割が重要だと考えられるようになっている。

　グローバル化が進み、知識基盤社会へと移行する現代にあっては、人々が生涯にわたって学ぶことが当たり前になっており、学校教育が果たすべき役割や、そこで教師に求められる仕事もまた変化してきている。教師には、社会の変化に対応して教育のあり方をたえず調整し、日々の教育実践を創造的に展開する力が求められている。そうした教師の力は個々人の技量として蓄えられるだけではなく、チームとしての協働に支えられ発揮されなければならない。

　本書の中でも触れられているように、教職を専門職として位置づけるべきであるとの議論は国際的にもずいぶん前からあるが、今日ほどその必要性が増し、専門職にふさわしい教職の中身を明確に定義することが求められているときはないといえる。

　では、専門職とは何か。一般に専門職とは、あらかじめ用意されたマニュアルや決められた手順によっては解決できないことを行える職でなければならない。専門職の要件の1つは、誰でもが随時交代可能ではなく、一定の資

格に根ざしているということであり、もう1つはその職能集団が自律性を持つということである。前者については教員免許制度がある。そして後者の自律性が、教職を遂行する上ではより重要なかかわりを持つであろう。

　教職に求められる自律性には2つある。1つは、職務にかかわってデザインする力である。教師が授業をはじめとして教育活動を行う場合、参照するべきいくつかのことがある。それは、法令であり、それに基づいた学習指導要領であり、指導書であろう。しかし、それらを熟知したからといって授業がうまくできるわけではない。教育活動の対象である子どもを知り、子どもの状況に合わせて教える内容を選択したり加工したりすることが必要である。そこは誰かの指示を受けることによって解決できるものではない。託された現場で、自分で考え、解決することが必要な領域である。そうした一連の過程は自らデザインしなければならないのである。しかもそれを教師の孤立した作業としてではなく、教職者の協働によって行うことが重要である。専門職としての教職には、何よりもまず目標到達のために何をすべきかを自らデザインする力が必要である。

　教師はデザインしたことを実践するわけだが、次はそれがどの程度うまくいき、またうまくいかなかったのかを反省する力が必要となる。これはリフレクションと呼ばれる。専門職に反省的実践家としての資質が重要だと考えられるのは、自分の行為を反省的にとらえて、それを改善に生かすことなしには創造的に仕事を続けるのが難しいからである。

　デザインする力とリフレクションできる力。免許制度によって資格を与えられた教師にとって、自らの専門職性に実質を持たせ、専門職者として成長し続けるためには、この2つを身につけなければならない。本書には教職に就くために知っておくべき最小限のことが盛り込まれている。ということはこれだけでは決して十分でないということである。後は、皆さんが自力で必要なことを必要なときに学んでいくことになる。教える立場にある人には、常に学ぶ立場にも身を置いてみることが求められる。学ぶことなしに成長はあり得ないし、成長なくして教え続けることはできない。

　教育は日々アイデアを出し、その具体化を図り、時には修正するという創

造的な営みであり、学ぶべきことが高度化する今日にあっては、教育に従事する人にはそんな創造性がますます重要になる。本書で教職課程について学び始めたことをきっかけとして、一人でも多くの皆さんが、困難ではあるが、それだけに魅力も大きい創造的な仕事へとチャレンジされることを願って止まない。

2021 年 4 月

矢 野 裕 俊

索　引

●編著者紹介●

今西　幸蔵（いまにし・こうぞう）

現　　職：　高野山大学特任教授
主な著書：　『キー・コンピテンシー—国際標準の学力をめざして—』（共訳・明石書店、2006 年）
　　　　　　『教職と人間形成』第 2 版（共著・八千代出版、2009 年）
　　　　　　『学校教員の現代的課題』（共編著・法律文化社、2010 年）

古川　　治（ふるかわ・おさむ）

現　　職：　桃山学院教育大学客員教授
主な著書：　『学校と保護者の関係づくりをめざすクレーム問題—セカンドステージの保護者からのクレーム対応—』（編著・教育出版、2013 年）
　　　　　　『教職をめざす人のための教育課程論』（共編著・北大路書房、2015 年）
　　　　　　『ブルームと梶田理論に学ぶ』（ミネルヴァ書房、2017 年）

矢野　裕俊（やの・ひろとし）

現　　職：　武庫川女子大学教授
主な著書：　『自律的学習の探求—高等学校教育の出発と回帰—』（晃洋書房、2000 年）
　　　　　　『教育課程論』第 2 版（共著・学文社、2008 年）
　　　　　　『教育概論』5 訂版（共著・法律文化社、2013 年）

教職に関する基礎知識（第 3 版）

2013 年 4 月 25 日　第 1 版 1 刷発行
2021 年 4 月 5 日　第 3 版 1 刷発行

編著者 ── 今　西　幸　蔵
　　　　　　古　川　　　治
　　　　　　矢　野　裕　俊
発行者 ── 森　口　恵美子
印刷所 ── 新　灯　印　刷㈱
製本所 ── グ　リ　ー　ン
発行所 ── 八千代出版株式会社

〒101
-0061　東京都千代田区神田三崎町 2-2-13

TEL　03 - 3262 - 0420
FAX　03 - 3237 - 0723
振替　00190 - 4 - 168060

＊定価はカバーに表示してあります。
＊落丁・乱丁本はお取替えいたします。